人际交往心理策略

邓兮 编著

中国纺织出版社

内　容　提　要

二十几岁的年轻人精通心理策略，并将之运用于现实生活与工作中，将会受益颇多。它能够让你洞悉人心，揣摩人情，了解他人真实意图，最终教你如何与人相处，从而生活事业双丰收。

本书全面介绍了读懂人心的各种技巧，以及与人相处的方法。深谙各种心理策略，能够帮助年轻人在日常交际中如鱼得水，游刃有余，从而建立良好的人际关系，赢得美满的人生。

图书在版编目（CIP）数据

人际交往心理策略／邓兮编著.--北京：中国纺织出版社，2018.7（2023.1重印）
ISBN 978-7-5180-4945-5

Ⅰ.①人… Ⅱ.①邓… Ⅲ.①人际关系—社会心理学—通俗读物 Ⅳ.①C912.11-49

中国版本图书馆CIP数据核字（2018）第079335号

责任编辑：闫　星　　特约编辑：王佳新　　责任印制：储志伟

中国纺织出版社出版发行
地址：北京市朝阳区百子湾东里A407号楼　邮政编码：100124
销售电话：010—67004422　传真：010—87155801
http：//www.c-textilep.com
E-mail：faxing@c-textilep.com
中国纺织出版社天猫旗舰店
官方微博http：//weibo.com/2119887771
佳兴达印刷（天津）有限公司印刷　各地新华书店经销
2018年7月第1版　2023年1月第3次印刷
开本：710×1000　1/16　印张：13
字数：197千字　定价：36.80元

凡购本书，如有缺页、倒页、脱页，由本社图书营销中心调换

前言

年轻人需要学点什么呢？知识、思维、能力……年轻人需要学的东西太多，但是首先应该重点学习的是心理学。二十几岁的年轻人，应该精通一系列心理策略，这是年轻人游走社交场合、驰骋职场的必备资本。

年轻人出了校门，涉世未深，这时正需要精通一些识人的心理策略。毕竟在社会中每个人都不是单独的个体，而是生活在一定社会关系网中的一员。年轻人不管是找工作还是交朋友，都免不了与各种各样的人打交道。又因为年轻人自身比较单纯，很容易被别人的表象所迷惑。如果年轻人学习了一些识人心理学，通过他人的习性、行为、形象、言语、姿势、嗜好、服饰等方面，有效洞察其真实性格，就能作出应对自如的交际反应。

那些初生牛犊不怕虎的年轻人在交际中往往因耿直的个性或内敛的性格而无法顺利展开社交。这时候，则需要学习一些交际心理策略。初次见面时，如何展现自己，给对方留下一个深刻的印象；再次见面时，又如何通过沟通来赢得对方的青睐；在后面的一步步交往中，如何肯定对方，满足其自尊心，又如何大方吐露请求，轻松获得帮助……这些都是年轻人需要深谙的社交技能，而年轻人只需要精通一些心理策略，一切问题都可以迎刃而解。

年轻人在人际交往中，如果不能有效地识别人心，不懂得与人交往的原则，把握不好与人交往的分寸，就会在激烈的社会竞争中处于不利位置，就会在繁复的人际关系中受制于别人，使自己处于被动的不利局面，甚至会出现人际危机、事业危机，或是陷入别人设计好的圈套，让自己的人生遭遇挫折。

精通心理策略，有助于年轻人在与人交往时通过对方的言行举止、生活习惯、兴趣爱好等方面洞悉人心，迅速揣摩对方的真实想法，赢得人际交往的主导权。不仅如此，年轻人还可以通过言语沟通攻破对方内心，使对方打开心扉，从而使自己轻松获得支持、帮助，这对于年轻人未来的人生路途是非常有益的。

编著者

2017年12月

目录

第1章

习性，判断对方的真实个性

一个人的反复行为会形成习惯，而各种各样的习惯又反过来塑造其独特的性格。正如美国心理学家威廉·詹姆斯所说："播下一个行动，你将收获一种习惯；播下一种习惯，你将收获一种性格；播下一种性格，你将收获一种命运。"由此可见，性格与习惯之间的联系极为密切。人际交往中，如果能够从习惯入手，了解他人的性格特征，你也可以轻松识人，成为社交场上的高手。

购物习惯反映真实性格

心理学家指出，人们在长期的购物过程中，会形成相对稳定的消费行为。它包括对某种商品的偏好、对商品品牌的偏好，以及对某种购物行为方式的偏好。我们知道，当一个行为反复出现的时候，就会成为习惯，而习惯是与人的个性分不开的，因此不同的购物习惯反映着不同的心理和性格，观察一个人的购物方式也是我们了解他的好机会。

（1）喜欢和同龄人一起购物，喜欢大家都买同一品牌甚至同一种款式的衣服，以此显示彼此的深情厚谊。这样的人通常性格多疑，不轻信他人，付出感情时喜欢做表面功夫，常常是面子上看起来很好，实际上心里并没有与别人有多亲近。

这样的人一般都是独生子女，即便不是，也不知道手足情深的真正含义。虽然他们热衷于金兰结义，但实际上只是用形式来捆绑、表现所谓深厚感情，并没有真的用心经营。和这种人交往时不要期望太高，他们能共富贵却不愿共患难，表面的亲密并不能掩盖他们内心的疏离。

（2）喜欢逛商场，对很多东西都感兴趣，却拿不定主意买什么的人。这类人通常待人热情，工作积极能干，追求新事物，对流行津津乐道。他们在初步交往时会给人留下热情、健谈、外向的不错印象，但是一旦深入了解或有利益冲突时，其心胸狭窄和斤斤计较的本性就会暴露出来，这将成为阻碍他们事业发展的硬伤。

（3）与人购物时喜欢商量，如质量如何，价钱如何，是否正品等。这样的人独立性差、不成熟，性格有些懦弱、畏缩。由于缺乏主见和领导能力，他们只能成为他人的追随者、服从者、执行者，而不能在事业上有很大建树，属于“听话做事”的人。

（4）喜欢独自购物的人，往往独立，有主见，感情内敛，处世成熟。假如是在买便宜东西时才选择独自前往，则显示了其性格里虚荣的一面。这样的人就是我们通常说的“报喜不报忧”的类型，他们永远不会告诉别人自己现在面临的困境和挫折，更不会让人看到自己的落魄和穷困，非常在意自己在他人眼中的形象。

（5）有些女性在与男朋友一起购物时，会毫不忌讳地买降价商品。这种尚在恋爱阶段就迫不及待地向对方展示自己朴素勤俭的一面的女性，实际上是伪善、功利主义者。因为这样很可能给对方带来消费压力，而这样做的人只想着在他人面前表现自己，而不去考虑对方的感受，反映了其性格里自私的一面。

（6）有计划地购物的人，总是把什么事情都规划清楚，他们十分理性，个性保守，变通性较差。他们习惯进行有计划的投资，只买必要的衣物，而且通常会穿很久。这类人创新能力较差，且缺乏探索精神，做事比较中规中矩，给人可靠、稳重的感觉。变化是一成不变生活的活化剂，建议这样的人多给自己一些尝试新事物的机会，将生活变得多姿多彩。

（7）购物时喜欢精打细算，却常常入不敷出的人，他们总是凭直觉去买东西，无论是第一眼看中的东西，还是商场打折、促销活动时的商品，他们都会因为第一眼喜欢，或者觉得价格便宜而冲动地将其买回家。而且通常他们的自控能力也比较差，会管不住自己的行为，对自己

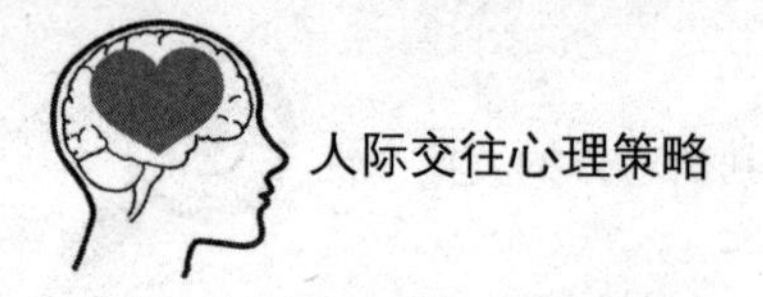

的缺点比较放纵。这类人也许在逛街之前并没有什么想买的东西，却能在逛完之后大包小包地提回家，是典型的冲动型购物者。这种冲动型的购物方式很可能使他们陷入经济上的困境，而且会因为买了太多不需要的东西而造成金钱上的浪费，其理智控制情绪冲动的能力需要加强。

除了行为习惯，人们在购物过程中对颜色的选择也会显示出一定的性格偏好。心理学家认为，一个人所偏好的颜色常常带有其性格和感情的色彩。

善于观察的人不会放过任何一个洞悉别人心理和性格的机会，哪怕是在购物这件平常的事情上。购物虽是再平常不过的事，却也流露出你的真实性情、习惯。平常事不平常，小事不小，认真观察，不放过任何细节，你也能慧眼识人。

花钱方式体现其认知

消费是每一个人每天都可能进行的事情，因为各自的年龄、性别、心态等方面不同，因而消费的对象和方式也会截然不同。从把钱花在哪些方面、花钱时的态度等方面，可以看出一个人的性格特征。人际交往中，如果能够仔细观察一个人的花钱方式，就可以从中了解对方的性情特征。想要从一个人的花钱方式来透视一个人的内心，具体应从以下几个方面来分析。

第一，从钱的用途来看人的性格。

1.把钱用在旅游与探险的人

这种人往往富有冒险精神，他们的人生价值在于取悦自己和挑战极限。这种性格的人往往喜欢亲近自然，欣赏大自然所呈现的秀美景色。他们往往性情温和，平易近人，接受新事物的能力通常很强，敢于冒险，因此极有可能获得成功。

2.把钱花在珠宝、服饰上的人

这种类型的人往往追求过于华美的东西，他们的人生价值在于展现出自己的完美。生活中这类人通常是理想主义者，对于他们来说，无论做什么事情，他们都希望能够达到理想中的完美状态。

3.把钱花在名贵轿车上的人

有这种爱好的人，往往有上进心，他们的人生价值表现在实现自己既定的人生目标上。他们中绝大多数人都有渴望成功的心理欲望，同时也具备坚持不懈的精神和百折不挠的毅力。因此，无论是生活还是工作中遇到难题，他们都会坚持到最后，正是这种敢于拼搏的精神，使他们具备了获得成功的条件。

4.把钱花在豪宅上的人

有这种喜好的人，通常自我意识不够强烈，成长的道路上可能缺少关注，使他们在与他人交往的时候总是渴望得到别人的肯定与认可。这类人的人生价值观往往不够明显，只是通过别人对其的评价来体现。

花钱的方式还体现在花钱时的态度上，从这个方面也可以看出人的性格。

第二，花钱的态度与人的性格关系。

1.把钱积攒起来，舍不得花钱的人

这种类型的人，通常没有长远眼光，找不到自己想买的东西，他在购物前总喜欢观察、分析，反复思量之后才作决定。这种性格的人往往思想保守，生活方面勤俭节约。

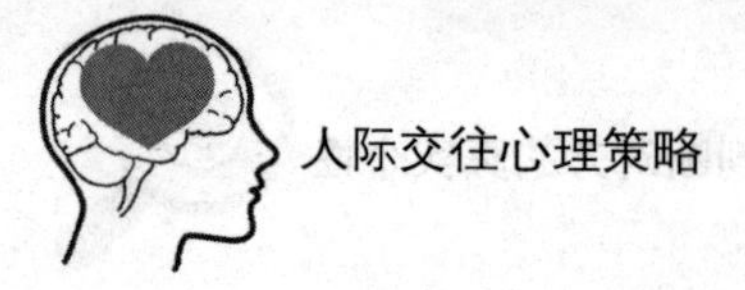

2.花钱谨慎的人

这种类型的人通常善于观察和思索。他们在做任何事情之前总会经过认真的观察和周密的思考。他们在与人交往时，行为举止十分谨慎，有时候也会设身处地替对方考虑。

3.喜欢一个人花钱的人

这类人通常比较自私，有坚强的意志，无论是在生活还是工作中都比较独立自主。工作中，这类人往往有很强的工作能力，不足之处在于对待别人缺少必要的关心，只在乎自己的感觉。

4.只为中意的商品花钱的人

这类人通常个性鲜明，且性格坚毅。无论是在工作还是生活中，他们的目标十分明确，不会因为外界的干扰而改变自己的态度，因此更容易获得成功。

5.有钱必花的人

这种类型的人在购买东西时，不会考虑是否实用或商品的价格，只要是自己中意的就一定会买。所以，这类人往往比较任性，且情绪变化较大，做事时容易冲动，思考不足，因而在事业上很难获得成功。情绪不稳、喜怒无常会令周围的人不敢接近他们，因而也不可能有很好的人际关系。

6.喜欢快速花钱的人

这种类型的人往往性格豪爽，做事干脆利落。他们往往开朗大方，且活力四射。无论是在生活还是工作中都喜欢直来直去，不喜欢拐弯抹角。正是由于缺乏缜密的思考，他们做事情容易后悔，却不能从中吸取教训。他们开朗的性格可以为自己争取很好的人缘。

透过生活中的习惯，可以看出一个人的性格特征。花钱，看似一件平常的事情，但我们同样可以从中获得一些重要的信息。人际交往中，只有善于观察，你才能得到更多的收获，只有不断地积累，你才能慧眼识人，成为一个社交达人。

从开车习惯看人品和性格

开车与人的个性似乎沾不上边吧？如果你这样认为，那就大错特错了。只要细心观察一下那些驾驶汽车的人，你就会发现不同性格的人开车的方式绝对不一样。心理学家认为，从开车的方式完全可以看出一个人的个性特征与内在心理。通过一个人的开车方式来了解他的性格特征，具体分析如下：

1.按规定车速行驶的人

这种类型的人往往思想保守。人际交往中，这类人通常采取中立的态度。无论是生活还是工作中，这类人都缺乏冒险精神，对于新鲜的事物缺乏尝试的精神。对这类人而言，汽车不过是将人运到某地的一种交通工具罢了。这类人往往真诚实在，为人憨厚老实，做事严格遵循原则，遵纪守法，对工作上的事情更不会马马虎虎。与人交往时，这类人比较容易获得他人的认可，因此往往人缘较好，能够与周围的人建立良好的人际关系。

2.比规定速度慢的人

这类人往往性格胆小怕事，做人谨小慎微，有时候会让身边的人失望，尽管他们也会觉得苦恼，但是无能为力。生活中这类人通常嫉妒心较强，看到比自己优秀的人，内心会升起嫉恨，但由于缺乏足够的自信，又无力追上。有时候他们感到迷茫和无助，一方面希望得到至高无上的权力，另一方面又担心，万一这种权力到手，自己却不懂得如何发挥它的威力。

3.比规定速度快的人

这种性格的人往往不愿意受纪律的约束，喜欢自由自在的生活状态。这类人具有强烈的自主意识，他们讨厌别人设立的一些规矩，且叛逆心理重，如果他人试图对其进行约束，他们可能会采取极端的方式来表示自己的反抗。总体来看，他们的生活态度很积极，能够以乐观向上的态度来对待生活。多数人把自由快乐看得非常重要，因而忽视名利，也有一部分人对权势和金钱持有厌恶的态度。

4.道路不畅时频繁按喇叭的人

这种性格的人通常脾气暴躁，情绪变化大，如果生活中遇到不如意的事情，他们很可能大发雷霆，有时甚至尖叫，或者运用暴力解决问题。他们缺乏足够的耐心，且随机应变的能力也不是很强，如果遇到什么问题，可能会借高声谩骂来表达心中的焦虑和不安。生活中，这类人往往缺乏足够的信心，与人交往时，总显得焦虑和不安，事业上也很难有什么成就。

5.开车不换挡位的人

有这种习惯的人往往喜欢冒险和探索，他们对于那些别人安排好的东西从内心感到排斥。他们更热衷于探索一条属于自己的道路，即便前进的途中遇到各种难题，他们也会乐此不疲。生活中，这种性格的人固执己见，不会轻易接受别人的意见和建议，做事全凭自己的感觉，但是乐于为别人提供帮助。通常这种人责任心比较重，与人交往中喜欢把责任往自己身上揽，且意志力坚定，一旦下定决心，他们就会尽职尽责地把这个任务完成。

6.绿灯一亮就马上启程的人

这种类型的人往往生活态度积极，且头脑中充满竞争意识。在生活中他们往往头脑灵活，反应也比较快，具有很强的随机应变能力，但是内心深处好胜心较强，凡事都喜欢抢先一步完成。强烈的竞争意识会让他们更容易获得成功，但是有时候会因为缺乏经验而失败。

7.总是绿灯亮后才慢慢发动车子的人

这种类型的人通常性格冷静、沉着，凡事总以安全第一，他们内心深处时刻把小心谨慎当成座右铭。与人交往时，他们也总是低调行事，从来不过分张扬自己的个性，这样做可以避免引来他人的嫉妒之心，能够为自己减少不必要的麻烦。从某种程度上讲，这种类型的人通常缺乏竞争意识，追求生活平稳，在事业上也通常不会有太大的作为。

从这些看似简单平常的开车习惯中，我们可以对一个人的习惯、性格有个大概的了解。由此可见，要想了解一个人的性格特征并不难，只要认真观察，善于总结，你也可以一眼看透他人的内心。

办公桌是一个人的“脸面”

对于身处职场的人来说，办公桌就是一个人的“形象代言”。虽然单凭办公桌的摆设无法判定一个人的能力，但心理学家认为，一个人办公桌的摆设情况可以折射出这个人的工作心情和真实个性。走过一间办公室，只要观察办公桌的情况，就可以大概了解其主人的个性特征。

办公桌的具体摆放情形可以从以下几个角度来分析：

第一，从办公桌摆放物品的种类来分。

1.摆设小盆景的办公桌

拥有这种习惯的人通常性情沉稳，头脑冷静，崇尚自然，喜欢舒适自由的环境。这类人处理问题时往往十分谨慎，能够理性把握问题。生活中，这类人绝大多数都懂得享受生活的乐趣，注重身心健康，但这并不妨碍他们的工作能力。工作中，他们对待问题通常抱着严肃认真的态度，如果遇到什么问题，会勇于承担起自己的责任。

2.摆设小玩具的办公桌

这种办公桌的主人，性格一般活泼开朗，甚至会带一点顽皮，这些充满个性色彩的玩具表现出他们追求自我个性的张扬。可能由于所处的那个环境过于枯燥无味，他们懂得生活的情调，总会主动改变周围的环境。这类人往往富有生活情调，内心感情也比较丰富，比较重视人际关系的和谐。多数情况下，他们会比较乐观，虽然自己的热情、乐观在现实生活中会受到打击。

3.摆设家人照片的办公桌

这类人通常思想保守，家庭观念较强，很在乎自己的家庭。他们往往性格内向，性情温和，有时候意志脆弱。与他人交往时，能够和平共处。这类人通常团体意识比较强烈，一旦和这种人成为一个团体，他们会主动做许多事情。

4.不摆设任何东西的办公桌

这种办公桌的主人，一部分人往往性格率真、大方、豪爽，做事情不拘小节。另一部分人则做事态度严谨，在他们的潜意识里，总是把公私分得特别清楚，有时候生活得过于严肃，他们往往不喜欢和同事一起交流，有时难免显得不近人情。

第二，从办公桌的摆放整齐与否看人的性格。

1.办公桌摆放整齐干净的人

有这种良好习惯的人往往爱干净，处理问题井然有序。这种类型的人性格一般内向，思想传统，做事脚踏实地。人际交往中，这类人往往值得大家信赖。美中不足的是，这种人有时候做事过于讲究原则，会要求身边的人也达到自己的要求，难免给人一种斤斤计较的感觉。他人一旦没有达到自己的要求，他们便会明确表达自己的不满，有时候会对别人的失误提出批评。

2.办公桌摆放得杂乱无章的人

这种类型的人通常不注重自己的外在形象，从办公桌摆放的情形来看，他们通常比较忙碌，有时候没有任何计划性，做事情不注重条理。但这种类型的人往往性格开朗，善于交际，在人际关系的处理上会显示出自己独特的一面。在外人看来，他们喜欢追求自由的生活，不喜欢把自己束缚在那些规矩里面，同时他们又会过于追求实际行动。生活中，因为他们的毫无条理、不讲究原则等，会让他们总处在一种忙碌的状态之中，在作一些重大决定之前，他们才会认真考虑，因此有时候显得迟疑不决。

3.办公桌摆放杂乱但有序的人

拥有这种习惯的人，虽然生活中可能不太注重自己的形象，但是只要牵扯到工作方面，他们便会做得条理清楚，讲究原则。因此，这类人往往拥有敏锐的观察力，同时严格要求自己，对于他人或自己的缺点，他们都能够看清楚，且能够认真对待。这种性格的人往往富有挑战精神，喜欢接受更高的挑战，对于那些有能力的人，他们也会欣赏。工作中，他们会保持很高的热情，会让周围的人产生一种距离感，让人不敢亲近。

综上所述，职场上，一个人办公桌的摆设情况能折射出这个人的生活习惯和个性特征。社交场上，要想把握他人的心理并不是件难事，只要你能够熟练掌握这些方法，细心观察，你会发现，了解一个人并不是太难。

读书折射一个人的内心世界

阅读是一种行为习惯，看似简单，但在这种行为背后所反映出的实则是一个人的内心世界。不同的阅读习惯反映出不同的个性。美国著名心理学家霍夫曼博士经多年研究发现，读书与人的性格之间有着密不可分的内在联系。心理学家们也认为，一个人的个性特点决定了他的阅读习惯，反过来，在人际交往中，我们也可以通过读书习惯更多地了解他人。

从阅读习惯观察一个人的性情主要体现在选择书籍种类与读书的方法上。

1.喜欢阅读设计、绘本类书刊的人

这类阅读者通常内心充满热情，行动积极，十分自信，具有非凡的创造力，善于观察和思考。他们的头脑灵活，富有想象力，经常会出现一些奇思妙想。有时候他们会过于专注自己大脑中想象出来的东西，看重事情的含义，不会轻易作出取舍。工作时，他们不喜欢受约束，这样会妨碍他们更好地发挥自己的想象力和创造力，反倒是灵活性较强的氛围更有利于他们的创作。现实情况下，他们无法把精力放在一件事上，且很难遵守特定的工作环境，因而有时候会显得工作散漫，组织纪律性不强，自我控制能力不强。

2.偏重于选择抒情性随笔与小品文的人

因为现实生活的原因，我们可能无法亲身去体会那种生活，读这样的书可以陶冶人的情操，提高人的思想道德修养。因此，选择这种类型书的人，往往热爱生活，享受生活，且喜欢追求自己的理想。这类人通常把人际关系看得很重，同时也很看重自身的价值。无论是在工作还是生活中，他们都会给人一种感情丰富的印象。他们很容易动感情，如果遇到不如意的事情，他们更容易感到失落与沮丧。

3.喜欢阅读小说、诗歌类的人

这类人往往热爱生活，喜欢大自然中的一草一木，喜欢面对自然中那些充满朝气和温馨感的事物，心胸开阔。这种人时常受文学作品的熏陶，懂得反思，因此他们的心灵会更加澄净，富有感情。

4.喜欢阅读历史书籍的人

这类人一般属于典型的学者，他们做任何事情都喜欢尊重事实，且喜欢研究学问。这种人往往性格木讷，不善交际。他们总是致力于自己的工作或是学问研究上，对于那些不学无术的人，他们会从内心深处感到厌烦。

每个人都会有不同的阅读习惯。在人际交往中，我们不仅能够从阅读书籍的选择上看出一个人的性格特征，还可以从一个人的阅读方式上看出人的性情与心理。具体分析如下：

1.拿到书籍后，迫切进入读书状态的人

生活中，有的人拿到自己喜欢的书后，会不分时间地点立即开始阅读，尽管手头上还有重要的事情要做，也会暂时先缓一缓。这种人性格开朗，真诚坦率，有着积极乐观的生活态度，生活中他们总是充满热

情与活力。做起事来风风火火，虽然劲头十足，但是通常缺乏必要的沉稳。尽管头脑比较灵活，但是不懂得掩饰自己，容易被人看透。虽然他们敢于冒险，喜欢尝试新鲜的事物，但是由于太爱出风头，有时候会被周围的人所厌烦。

2.拿到书报时，先暂放一边，做完事情后再看的人

这类人往往思想保守，自我约束能力强。在没有把握的情况下，他们轻易不会冒险，因此，他们往往显得沉稳与安静。这类人一般个性比较强，做事认真负责，但通常性格内向，不善于与他人交际，因此这类人的人际关系一般。但生活中这类人往往见解独特，考虑问题时总会有自己的思想和主见，即便从他人那里得不到认可，他们也懂得自得其乐。

3.拿到书刊后，只是大概浏览一下就不再阅读的人

这种类型的人一般性格开朗，善于交际，可能会有很多的兴趣，但是缺乏毅力。在他们的生活中，充满了欢声笑语与新奇的事情，虽然有时候他们会表现出超强的组织能力，但由于缺乏认真细致的精神，做事不拘小节，自我约束能力很差。

4.拿到书刊后，放在一边闲来无事的时候再看的人

这种人只是把读书看报当作一种消遣解闷的工具，纯粹是用来打发时间。他们往往性格孤僻，但是思想比较单纯，不喜欢与人交往，在为人处世方面缺乏果断的勇气和精神。与人交往时，他们则充满同情心，为人诚实憨厚。生活中，他们通常会自命不凡，虽然头脑中具备丰富的想象力，但又有些不切合实际。

读书可以丰富人的知识，陶冶人的情操，不同的书可以给人带来不同的感觉。人际交往中，如果掌握了这点，从一个人的读书习惯入手，你也可以了解他的个性与心理。

第2章

行为，探寻动作背后的秘密

人在潜意识的作用下很容易做出一些不太受意识控制的下意识动作，而它所传达的信息很少具有欺骗性，能真实反映人的心理状态。在人际交往中，如果我们能够仔细观察，洞悉其中的奥秘，就能巧妙掌握对方的态度变化，对塑造良好的人际关系也有很大的帮助。正所谓“知己知彼，百战百胜”，就是这个道理。

从握手了解对方的心理

握手是国际通用的见面礼仪，是一种表达友好的方式，也是人与人之间交往时的第一次身体接触。美国心理学家伊莲·嘉兰在一本研究人类行为与性格的关系的著作中指出，一个人与他人握手时所采用的方式，最能反映他的个性。因此，如同人复杂的性格般，握手的含义也因其各异的方式而各不相同，一个简单的握手动作就能使我们对对方的心理和个性有个初步的了解。

（1）握住手指的人，即只握住对方手指的部位。多见于女性对男性，是不想把自己的体温传递给对方的意思，它是女性矜持的表现。若出现在男性对男性的场合，则是对对方有好感的意思。

（2）握手握得很紧，强而有力，这是对抗心和对抗意识很强的人在向对方表明自己的力量。这类人通常性格冲动、刚烈，有脾气就会发泄出来，占有欲强，爱记仇。他们的优点是做事认真、热忱、一丝不苟，有原则，帮理不帮亲，缺点是常因欠圆滑、不懂得随机应变而碰壁，有时会给人鲁莽、爱出风头的印象。

（3）握手时恍如无力，这是自信心不足的表现。这类人常常妄自菲薄、悲观、做事犹豫不决，事情还未开始做就已经认定自己会失败；他们既无责任感，积极性又不足，总是得过且过，有时还需要别人来帮他们收拾残局。这类人一般比较现实，功利心重，不适合交心。

（4）握住对方双手的人，是想把自己的体贴、同情和亲切感传递给对方，有时也表示对对方的哀求和期盼之意。喜欢握住对方双手的人，通常不太会在背后批评别人或“打小报告”，他们有话直说，且喜欢交朋友。

（5）握手时上下摇动很厉害。这类人常常给人一种虚张声势、爱出风头、爱自我吹捧的印象。他们喜欢将感情外露，时而很热情，时而又很冷漠。与这种人做朋友，你能感觉到他的可靠和可信，可是假如是敌人，那你就要小心了，因为他们会变得十分可怕。

（6）点到即止，即握完很快收回，如蜻蜓点水。这类人通常生性洒脱，做事喜欢快刀斩乱麻，绝不拖泥带水。他们对任何事都是满不在乎的态度，感情来得快去得也快，容易与人混熟，可也因为其无所谓的态度，容易导致关系疏远、变淡。因此，与这类人做点头之交即可。

（7）一只手握手，另一手拍对方的肩膀或胳膊。这个动作多出现在上级对下级时，有强调自己是对方的领导或上司的意思。这类人通常对名誉和地位有着较强烈的欲求。

（8）长握不放。保持握手动作，良久不放的人比较容易感情用事，公私不分。他们待人热情又长情，愿意为朋友两肋插刀，但是不能忍受朋友的冷落或疏忽，因此与之做朋友要比较用心。

（9）握手时手臂不愿伸长，肘部弯曲成直角，喜欢在手臂贴近身体的位置完成握手礼仪。这是种保守型的握手方式，显示出此人谨慎、保守的个性。这种人做事属于中庸派，既无冒险精神，又没有大过错，既可以说是深藏不露，又可以说是无甚特点。

（10）踌躇握手。这种人无法决定自己要不要与人握手，非得对方

主动，当对方认为他不会跟自己握手而把手缩回去时，他又突然把手伸出来，给人一种“慢半拍”的感觉。这种人做事瞻前顾后，前怕狼后怕虎，判断力差，爱犹豫。他们虽然时常患得患失，却又不容许自己吃亏。

（11）握手时手指精瘦、肌肉紧绷的人，这类人通常气量比较小，容易与人产生摩擦，也容易结仇，他们天生缺乏一种包容力。因此，想与这类人做朋友，必须要有一定的肚量，愿意迁就或迎合他们，能容人所不能容，否则还是敬而远之为好。

（12）不放过任何握手的机会，这是种近乎强迫性的动作。这类人无论在告别、访问，还是偶然碰到时，都会主动与人握手，而且不管与对方是亲是疏。这种人看上去很热情，实际上其内心极度不安和自卑。

（13）有些人在先握住对方的手以示好感之后，紧接着就开始向对方大肆宣传起与自己利益有关的事。这类人通常都是机会主义者，常常利用他人来达到自己的目的。

（14）握手时容易出汗的人，通常比较感性。他们往往很怕生，对人的喜恶也很强烈，看待问题有时很天真。而与之相反，握手时不易出汗的人，常常具有耐力，性格也很顽固。

（15）有些人在握手时习惯翻过对方的手掌压在自己的手掌下方，或是在握手前先凝视对方片刻。这类人通常具有强烈的控制欲，压住对方手掌或凝视对方，是企图获得心理上的主动权的表现。

（16）其他。握手时，能够用力回握的人，通常性格比较主动，而回握比较无力的人，则性格比较懦弱；一面握手一面审视对方的人，通常戒备心都比较重，不易相信人；握手时不敢抬头接触对方视线的人通常比较自卑；打过几次交道却依然用客套话打招呼的人，通常自我防卫意识较强。

握手是人际交往中的互动行为，是最初的近距离接触。握手不但是向对方传达友好的方式，更是读懂对方真实心情、心理的有效手段，正确解析其中的心灵密码，将使我们的交际和交往活动更加顺畅。

习惯性小动作暴露潜意识

心理学家指出，一个人的小动作越多，其内心就越容易被看穿。因为小动作是一个人非意识控制的行为，像睡姿一样，具有一定的自然和真实性。它是人们在各种情境和情绪下做出的潜意识动作，是人们的心理活动或情绪、情感的“指示器”。当一个小动作反复出现并形成习惯以后，我们就能通过小动作这一无声的信息去了解一个人的性格。

（1）揉搓手掌。这个动作在谈判中经常出现，谈判的一方快速地揉搓双手，仿佛在期望获得什么。这其实是在向对手表明自己很期待接下来的事情，或者对即将到来的事很感兴趣，有大干一场的意思。

（2）用纸巾、手帕等擦手。当这种情况出现在法庭、演讲或比赛中时，说明此人正感到紧张、不安。

（3）啃手指。这种看上去很幼稚的动作其实是实施动作的人“口唇期固着”的表现。在弗洛伊德的精神分析理论中，口唇期的时间是在婴儿0～1岁的时候，而“固着”则是一种人格发展的停滞。这类人通常比较自我，喜欢强求他人，缺乏耐心，多疑，悲观，希望被照顾。一旦感到紧张或心烦意乱时，他们就会不自主地做这个动作。

（4）交叉手指，即将中指压在食指上。这个动作带有期盼的意味，当一个人在盼望好运，或者希望自己的请求或建议能够被对方认可时，这个动作就会出现。

（5）用手捂着嘴巴或鼻子。在交谈中假如对方出现这个动作，说明他不是很同意你的说法，只是不好意思说出来，这是潜意识里怕一不小心说溜嘴的防卫姿势。这说明他们要么想反驳对方，要么在说谎，却不让自己表现出来。有这个习惯性动作的人会常常保留自己的看法和想法，给人以神秘或高深莫测的感觉。

（6）用手不停地抚摸下巴或托着下巴。这种人容易胡思乱想，爱钻牛角尖，甚至给人神经质的感觉。

（7）叉腰。这个动作有漫不经心和大不敬的意味，做出这一动作的人，通常都有一定的控制欲，会给人身强体壮、沉着冷静、对任何威胁都不放在心上的印象，但是他们也很容易冒犯他人。

（8）东张西望。在交谈中，对方出现这个动作，表明他希望话题快点结束，或者他对你的谈话不感兴趣。喜欢东张西望的人通常比较懒散，做事没有热情，对他人也不甚关心。他们在与不熟的人相处时表现冷漠，不怎么说话，可能给人一种不可一世的感觉。

（9）嘴巴呈倒“U”形。这个动作表面上显示了其坚决的态度，实际上是一种防御性的姿态，恰是其内心脆弱、无助的表现。

（10）不停地揉搓耳朵。这样的人一般静不下来，喜欢作为说话的一方，而非倾听者。他们通常带有很强的个人主义，好表现自己，但容易弄巧成拙，且不善于伪装情绪。

（11）双臂交叉抱于胸前，表示否定、拒绝，或袖手旁观。当听的一方做出这个动作时，说明他正对你的观点和看法有所质疑。假如是在向上司汇报工作或做工作陈述时上司做出这个动作，你就要及时修正你的看法，因为你已经收到否定信号了。

（12）不停擦拭眼镜。这种反复将眼镜摘下又戴上的行为，是其内心不确定或优柔寡断的表现。此外，这个动作有时还会给人造成困惑，令人不知道接下来会发生什么，因此，有心人有时会故意做出这个动作，其实是一种期望获得控制权的表现。

（13）绝望时抱头，这是一种天生的、本能的回应，人们用保护头部的动作来抵抗心理上的伤害。

（14）飞快地转笔。我们经常看到，有人在打电话、发言或谈判时，会有转笔的习惯。这并非表示对方在深思或已胸有成竹，而是表示其一时思维卡壳，这个动作有以手部的运动带动脑部运转的意思。有时，人们在陈述问题时也会出现这个动作，反映出其内心的犹豫和不自信。如果在回答他人问话时做出这个动作，不仅表示对被问的问题毫无准备或不以为然，也是其内心不在乎的表现。

（15）捋头发或抚摸头。这个动作会给焦虑的人带来安全感和踏实感，有这个习惯性小动作的人，通常相对内向，但同时又追求独立和自我，性格比较矛盾。

（16）上身后倾、偏离对方。谈话时容易出现这个动作，它反映出明确的戒备和抵触情绪，或者故意不去领会说话的人的意思，是一种不合作的姿态。

（17）尖塔姿态，即双手指尖相对相抵，掌心相对虚空，形成一种“教堂尖塔”式的手势，这种手势常出现在上司对下属讲话的时候。这个动作有极度的自负、傲慢、刚愎自用的意味。“尖塔”的位置也随着自负和傲慢的程度而升高，越是傲慢自负，“尖塔”的位置越高，从齐胸逐渐升至齐眉，甚至从两掌之间的缝隙里看人。

（18）用头发扎自己的脸庞。这个动作会带来瘙痒或微微疼痛的感

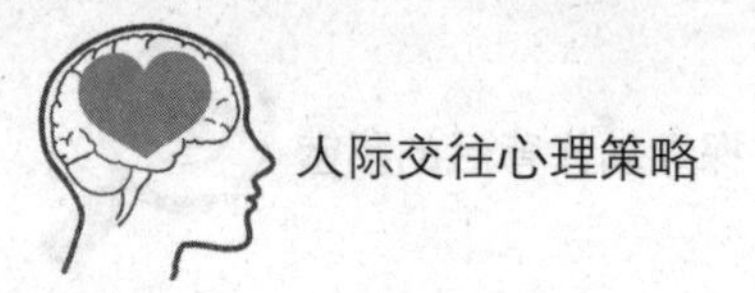

觉，做这个动作的人多为刺猬型性格，忍耐性很好。但是，一旦有人越过了他们的底线，就如同引爆了地雷，其爆发程度惊人。

（19）拉松领带或脱去外套。在谈判中如果对方出现这个动作，那对你来说这可是个好现象，这说明其已经失去耐心，即将以一定程度的让步来促成协议的达成。

（20）走路遛墙脚。有这个走路习惯的人，一般口头表达能力不强，性格多少有些怪异，喜欢与人“对着干”。你说他不行，他就偏要做出个样子给你看看；你说他行的时候，他反而谦虚起来；你告诉他某件事不能做，他偏要去试试。

（21）耸肩。喜欢耸肩的人，大多待人热情、诚恳，与之交往不用担心被欺骗。此外，他们通常都很有想象力，追求舒适的生活和适于发挥创造力的工作环境，是既能够创造生活又懂得享受生活的人。

（22）猛地摔坐在沙发上。这个动作表现在人前时，多是一种喧宾夺主的姿态，会给对方造成一定的压力。比如，下级去上级那里发泄不满，就可能做出这个动作，实际上他们心里很不安且不自信，但是又要显得自己理直气壮。通常这种刻意营造出来的气势都坚持不久，可能不过一会儿，他们就会不自觉地移动所坐的位置，身体向听他们说话的人前倾，泄露出渴望得到认可和赞同的心理。

人际交往中的小动作千千万万，每一种都有它的含义。不要忽略他人那些不经意的小习惯，它也许就是你了解这个人的性格和真实态度的最有效线索。想要在人际交往中得到主动权，进而获得成功，不妨做一个细心观察者吧！

吃相泄露出的个性秘密

所谓吃相，是指一个人的进食方式。日本心理学家研究发现，一个人在吃饭这个本能行为中的种种不经意的表现可以深层次地反映一个人的心理。吃相与坐相、站相等动作一样，贯穿于人们的生活和工作的始终，看似稀疏平常，其中却蕴含着许多奥妙之处。

（1）细嚼慢咽。这种人吃东西时每一口都要细细咀嚼、品尝，缓慢吞咽，因此吃饭速度会很慢。这类人通常办事周详严谨，爱思考，只做有把握的事，有时甚至不达目的誓不罢休。缺点是没什么冒险精神，爱挑剔，对人也稍显冷酷。从养生学的角度来讲，细嚼慢咽的吃东西方式是最有利于身体健康的，因此被广大营养学家和医学家推荐。

（2）来者不拒，不挑食。这种人对食物不加选择，有什么吃什么，反映了其不拘小节、随和的个性。这类人一般多才多艺，生命力旺盛，求知欲和好奇心比较重，能够同时应对多项工作。

（3）习惯将一种食物吃完，再去吃另一种食物的人，通常极有心机，一本正经。他们做每一件事都很专注，有毅力，不会忽略某些细枝末节，是善于观察和揣摩的人，甚至可以说工于心计。他们是“做该做的事”的人，一旦开始埋头苦干，就不会在乎别人的眼光。在一件事没做完前，他们绝不会分心去做别的事。他们有超强的专注力，却不能同时应付多项工作。这种人性格中对事物的专一性，使他们多角度看待问题的能力不足，因此时常会给人留下顽固的印象。

（4）风卷残云速度快。吃饭时喜欢狼吞虎咽的人，多数性格豪放，精力旺盛，办事果断，具有很强的竞争意识和进取精神。他们待人诚恳，是不错的朋友。

（5）喜欢独自进食的人，多是性格冷僻的人。他们个性坚毅沉稳，负有责任心，做事脚踏实地，信守承诺，言行一致，是能够按要求完成任务的实干者。

（6）习惯将食物分割成小块、逐块进食的人，做事小心谨慎、细致用心，但是个性保守，不善于创新。他们不善于主动的性格使他们常常给人墨守成规和顽固的感觉。

（7）吃东西浅尝即止的人，是懂得节制的人，与分割食物、逐块进食的人有些类似，他们都是很好的守业者而非创业者，行为谨慎，个性保守，凡事求稳而进取心不足。

（8）暴饮暴食。这类人进食不知节制，时常饮食过量，跟浅尝辄止的人相反，他们追求的是全饱，否则决不罢休。对爱吃的食物不饱不休的人，通常性格直爽，给人大大咧咧的感觉。他们对自己的感情从来不加掩饰，喜欢直来直去。

（9）吃着自己的看着别人的。有些人在与人吃饭时，会习惯性地觊觎他人碗里的东西。这样的人通常比较善变，自信心不足，会过多关注他人，看到别人比自己强就会产生自卑感。在人前他们是开朗、活泼的，可是一旦独处，他们的自我怀疑和否定就会让自己处于烦恼和痛苦之中。

（10）与人吃饭时不管别人马上吃完的人，多是自私、性急的性格。这类人通常非常自我，甚至可以说自以为是。他们不愿配合他人的步调，虽然具有一定的处理问题的能力，却不是一个好的合作者，容易造成他人的困扰并且常常不能自知。这种人一般对自己决定的事有一种顽固的坚持，不会轻易动摇，即使遭受批评，他们依然会我行我素。

（11）其他吃相。夹菜时，喜欢在盘子里翻挑自己喜欢的食物的人，通常比较缺乏公德心，品德修养不佳，为人自私、自我，有着不达目的誓不罢休的行事风格；吃饭时，张开双臂，迅速扒饭，且嘴里喳喳作响的人，修养欠佳，我行我素，顽固不听劝；那些吃东西口味奇特，喜欢胡乱搭配的人，通常思维比较跳跃，富有创造力和想象力；喜欢把玩食物的人，多半性格开朗，富有同情心，善于交际，懂得分享。

（12）与人会餐时，有时难免会喝酒，有人会习惯性地将酒杯拉到自己的跟前，并用手捂在酒杯上面，这种人一般都善于伪装。当他们心中有鬼，或者想令对方迷惑时，就会不自觉地做出这个动作，这实际上是为了掩盖他们的真实意图。而另有一些人，总是习惯双手握住酒杯，或者将自己坐的椅子从餐桌旁拉开，这是试图与他人保持距离的表现。

（13）吃完饭还可以观察一下对方剩余食物的情况。将食物吃得干干净净的人，通常做事计划性强，一丝不苟；碗盘里乱七八糟的人，一般比较任性，做事粗枝大叶；碗盘中的剩余食物非常整齐的人，会比较在意他人看待自己的眼光，是对自己和他人都严格要求的人；只剩下一口食物也不愿吃完的人，对自己比较姑息、宽容，性格中有比较率真的成分。

吃是人每天都要进行的活动，也是人日常习惯中的重要环节。我们前面已经知道，人会将自己的性格暴露在不经意的习惯之中。因此，当我们想了解一个人的时候，不妨细心观察一下他的吃相，必定会从中有所收获。

微表情隐藏的真实意图

研究表明，多数人每天都会撒一两个谎，而且极少被抓住，因为这些谎言通常都微不足道。研究谎言的科学家美国心理学家埃克曼说：

“说谎是人类社会的重要特性，人们在社交活动中应正确理解说谎现象。”有时候，善意的谎言是必要的，比如，女性说谎通常是为了让对方好过一点，而男性说谎则是为了显示自己的优越，以获得对方的尊重。

生活中，一些善意的谎言甚至不被认为是谎言，即使我们自己可能也没有意识到自己在说谎。也许，一句简单的“我很好”也是谎言，可它对整个谈话是无伤大雅的，反而能够使谈话顺利进行下去，因此，这样的谎言没什么明确的对错之分。可是在另一些情况下，谎言是人们掩饰自己的真实意图，或者为了达到某些目的而刻意为之的行为，它会造成听话者的误解或困惑。这时，假如听话者能够准确分辨出撒谎者的假动作，便能及时识破谎言，使自己免遭欺骗或损失。

可以从以下几个方面判断对方是否在说谎：

（1）眼球转动方向。一个人在编造谎言的时候，眼球通常会向右上方转动；当他们真的在回忆某事时，眼球则会向左上方转动。这是人眼部本能的反射动作，除非经过严格训练，否则是假装不来的。

人们普遍的共识是，说谎者会避开与对方的眼神交流。事实恰好相反，人在说真话时会因为回忆而转移视线，而假如对方一直在盯着你的眼睛回答问题，则说明他在撒谎，因为他是在观察你是否相信他的谎言。并且，高明的说谎者会更加注意你的双眼，同时瞳孔扩张。由于注意力太过集中，他们的眼球会变得干涩，因而他们会频繁眨眼。

（2）滔滔不绝。人的记忆能力是有限的，尤其是在细节性的问题上。通常，人们在回忆某个时间发生的事时，会在各个细节上反复回忆，于是会出现表达不顺畅、磕磕巴巴的状况。

很多人以为撒谎要花更多的时间来反应，因此说谎者在回答问题时

会很慢。可是，假如他们先将要说的话或假定的情形在脑中想好了，那么你的问题刚一问出，他们就可能迫不及待地回答。而他们这种如同亲身经历般将一个故事完整且流利地叙述出来的情形，恰恰说明他们极有可能在说谎。

（3）细微的表情。真实的情感在脸上停留的时间都是极短的，如果某个表情停留时间过长，那么，这些表情和情绪很可能是装出来的，如吃惊的表情超过一秒钟就说明是装的。

（4）摸鼻子。人在说谎时，多余的血液会流到面部，这就是有些人说谎时极易脸红的原因。鼻子也是如此。人们在说谎时，鼻了会因为充血而稍有膨胀，虽然肉眼无法分辨出来，但是说谎者会不自觉地用手摸鼻子，他们在这种不自觉反应中就将自己撒谎的事实暴露了。

（5）摩挲手掌、摆弄手指及饰品。人在说谎时，为了避免被对方看出来，会做出很多小动作以掩饰自己的内心。比如，摩挲手掌、摆弄手上的饰品、摆弄手指等，其中摩挲手掌是一种自我安慰的做法，摩挲双手可让心虚的人感到安心。

（6）声音和声调反常。人在说谎时会不自觉地提高音调，这是掩饰心虚的表现，声调的提高是他们在刻意向对方强调自己的话，实则他们内心很不安。

（7）笑容不对称。发自内心的微笑应该是均匀的，在鼻子、嘴角和眼睛周围都会产生笑纹，而假笑的眼角则没有笑纹；真正的笑容来得快消失得慢，而伪装的微笑因为轻微的不均匀，眼部的肌肉没有充分调动，因此也相对来得缓慢；除了笑容，当人在表达其他情绪时，如悲伤，假如他们的面部表情是不对称的，那他们极有可能是装出来的。

（8）表情和动作的相对顺序性。任何与肢体动作不同步的面部表情都很可能是说谎的线索，例如，一个人生气的表情若是在说出气话之后出现的，那这个表情就是装的；而若是在说话的同时，则比较不容易断定。再如，一个人的生气表情是在发泄完情绪之后出现的，如捶打桌子，那他的表情通常是装出来的。

（9）说谎者常常会忘“我”。心理学家认为，人们在说谎时往往会有些不自在，会本能地把自己从所说的谎言中剔除出去。比如，你问朋友昨晚为什么没有接你的电话，如果他说“电话坏了”，而不是“我的电话坏了”，那么他很可能在撒谎。而且，说谎者很少在谎言中提到他们牵扯到的人名，比如，美国前总统克林顿在就“拉链门”事件发表公众讲话时说，“我跟那个女人没有关系”，他用“那个女人”来代替了莫妮卡·莱温斯基。

（10）词语重复。比如，你问：“你昨天见过她吗？”他回答：“不，我昨天没有见过她。”对问题的生硬重复是典型的说谎表现。

（11）其他。双手抱胸同时后退，这种下意识的退缩说明对方很心虚；人在撒谎时会不自觉地弓起身子；赞成某事时却伴有摇头动作，表明对方心里其实不这么想；手放在眉骨附近表示羞愧，谈话时对方出现这一动作则很可能在撒谎；揉眼睛是不情愿的意思，当人们在被要求做他们并不想做的事时，会下意识地做出这个动作等。

心理学家弗洛伊德曾说：“任何人都无法保守他内心的秘密。即使他的嘴巴保持沉默，他的指尖也会喋喋不休，甚至他的每一个毛孔都会背叛他！”同时，又有心理学家认为，说谎是一种社会生存机制，就像动物的壳，保护着人们，使人们远离伤害。人际交往中，运用或经历谎言是无可避免的，假如我们能读懂对方表情和动作中的微妙瞬间，识破对方的谎言，就能更加准确地领会对方的真实意图。

打电话姿势暴露人心

随着社会的进步，人与人之间利用通信设备进行交流也越来越频繁。如果细心观察，你就会发现，不同的人在打电话时的行为习惯也不尽相同。在这些看似平淡的行为习惯背后，折射出的是一个人的性格特征。因此，人际交往中，想要了解一个人的内心，不妨注意一下他打电话时的习惯。

1.全神贯注倾听对方谈话的人

双方进行电话沟通时，一方出现身体前倾，同时伴随着有效的面部表情，并随之做出一些相应的动作，这种类型的人往往性格随和，生性友善，对待工作与生活都充满自信心，自制能力较强，可以很好地安排自己的生活。

2.与人通话时三心二意，并没有停下手中工作的人

这种人往往性格急躁，说话做事都会争分夺秒，通常富有进取精神，无论是在工作还是生活中，他们都会认真负责，积极进取。

3.与他人通话时，保持悠闲舒适姿势的人

生活中，有些人在与他人通话时，会舒服地坐着或躺着，给人一种悠然自得的感觉。有这种习惯的人通常性情沉稳，做事头脑冷静。有时候实际情况可能很糟糕，但他们会表现出一种泰山崩于前而面不改色的气势。

4.与他人通话时信手涂鸦型的人

生活中，这类人往往具有艺术才能，想象力丰富，但是很多时候不切实际。他们性格往往乐观向上，面对困难时，能保持一种积极向上的乐观态度。

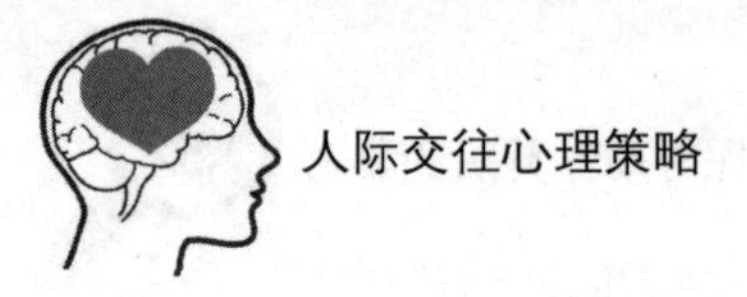

5.通话时不停地缠绕电话线的人

这种类型的人往往性格开朗，生性豁达，无论对待生活还是工作，总是一副玩世不恭的态度。他们通常很会自我安慰，这类人最大的优点就是知足，因此，他们看起来会活得无忧无虑，安于现状。

通过一个人打电话时的神情、动作可以了解一个人的心理，不仅如此，一个人手握话筒的位置也可以帮助我们判断他的内在个性。

1.双手紧握听筒的人

这种类型的人往往外圆内方，表面上看来可能有些圆滑世故，实际上则个性坚毅，一旦下定决心，他们会坚持到最后。相反，那些轻握话筒的人，则很难有这种持之以恒的精神，做起事来往往只有三分钟的热度。他们打电话通常只是为了宣泄内心的情感，很少有耐心倾听对方的讲话，但这类人具有独创精神。

2.习惯手握话筒中间的人

正常情况下，手拿话筒的位置应在中间，让话筒与口和耳朵保持一定的距离。因此，采用这种握法的人往往性情温和，做事沉着冷静。这类人与人交往时，总会表现得落落大方，银行职员或文秘常会采用这种握法。

3.手握听筒上方的人

习惯采用这种握法的多为女性。这种类型的人往往有些神经质，性格属于歇斯底里型。她们喜欢独处，不喜欢热闹的气氛。有的时候情绪波动很大，为一件小小的事可能会生很大的气。但情绪转换较快，让人摸不透。

4.手握听筒下方的人

这种握法十分受男性的青睐，有这种习惯的人通常有冒险精神，体力充沛。这种类型的人往往行动能力强，对于他人托付的工作能够很爽快地完成。如果是女性，则好恶感较强，有时会表现得过于任性，但又不乏温柔细致的一面。

5.听筒远离耳朵的人

拥有这种习惯的人，不仅社交能力较强，行动能力也很强。他们往往满怀信心，自我表现欲强烈，做事要强。如果是女性，则会显得过于好强，甚至会给人一种强悍的感觉。

如今，电话差不多是我们每天必须接触的物件。与人交往中，如果你想要从对方的习惯里了解他的个性，不妨从他打电话的方式、习惯入手。只要细心观察，认真总结，你也可以成为一个电话识人的高手。

第3章

形象，辨别对方真实本性

人际交往中，一个人的装扮，不仅表露了他的情感，反映了他的修养，也显示出他的脾气秉性。因此，想要在与他人交往中占领先机，不妨从装扮入手，通过装扮来洞悉他人的个性与心理。在具体操作的过程中，我们应该从哪些方面做，看完了这一章，相信你就可以找到答案了。

解读女人的化妆行为

懂得化妆的女人，是聪明的女人；善用化妆的女人，是智慧的女人。化妆，是女人运用色彩、线条、层次感创造美感的一种方法和艺术。化妆，可以使女人更加漂亮。女人化什么样的妆，也可以反映其性格。因此，人际交往中，通过观察一个女人的妆容也可以准确把握女人的内在性格特征。

1.喜欢化浓妆的女人

这类女人自我表现欲很强，希望通过浓重的色彩吸引他人的注意，尤其是来自异性的目光。这类人一般性格比较开朗，真诚坦率，待人也很热情。思想比较前卫和开放，与人交往时，对来自他人的一些过激行为也并不会太在意，即便遭遇他人的攻击也会坦诚待人。

2.喜欢化淡妆的女人

她们的自我表现欲没那么强烈，甚至有时候她们会刻意掩饰自己，不希望受到外界的关注。这类型的女人懂得生活的智慧，做事比较低调，往往更能够有所成就。

3.喜欢化自然妆的女人

她们相对来说比较保守，做事循规蹈矩，思想也比较单纯，并且富有同情心和正义感。为人也比较真诚，能够与周围的人建立良好的人际关系。但正是由于单纯的性格，使她们不够坚强，一旦遇到挫折和打击就会显得软弱无助。

4.喜欢化流行妆的女人

这种人一般接受新鲜事物的能力很强，自我表现欲也比较强烈，但是由于经常跟着潮流走，因此缺少自己独特的个性，容易人云亦云。同样，她们做事也没有什么长远的规划，总是跟着大家的足迹走。

5.喜欢坚持一种妆容不变的女人

她们大多都有一种怀旧情结，骨子里会追忆以往的美好时光，但是能够从过去走出来，因此这类女人一般比较实际，能够把握眼前的幸福，同样她们也很容易满足。唯一不足之处是，她们为了坚持某一些东西，而无法跟上时代的步伐。

6.喜欢花很长时间在化妆上的女人

她们有一定程度的自恋，凡事总想尽力做到完美，她们亦是完美主义者。其实，从一定程度上讲，她们更多的是对自己的外表不自信，希望通过外在的妆容弥补自己的不足之处，但由于过分注重自己的外在形象，总会给人一种不自在的感觉。

7.化妆时注重某一部位的女人

她们多对自己的优点和缺点把握得十分清楚，并懂得如何做才能扬长避短。这类人一般比较自信，也很现实。无论是工作还是学习当中，她们总能够分清当前形势，迅速作出判断，因此，这类人一般处事比较果断。

8.喜欢化一些具有浓重异国色彩妆容的女人

她们一般想象力比较丰富，具有艺术细胞，向往自由自在的生活，生活也比较无拘无束。但是，这样妆容的女人，看法也与众不同，且很难与周围人融洽相处，进而建立一种良好的人际关系。

9.生活中无论什么时候都化妆的女人

她们一般缺乏自信，试图通过化妆来改变自己的容貌，这类人总会隐藏自己内心的秘密，不让他人发现。

10.从来都不化妆的女人

她们并不十分在意自己的外在形象，所追求的是一种自然美。这类女人在看问题时，也不会被表面的现象所迷惑，能够透过事物的表面看到实质的东西。

由此可见，女性化妆背后所隐藏的心理也有很大的学问，如果能够熟练掌握这些，你就可以轻而易举地了解他人的心理，使人际交往顺利进行。

从领带的佩戴看男人的心理需求

在当今的社会环境下，领带和商务、社交等活动联系在一起，是男士服饰的一部分，就像女人对于时装的追求一样，男人对于领带的要求不亚于此。在蓝、黑、灰一统男士正装的时代，出现在男人颈端的领带以其亮丽色彩不经意间流露出男人的心声，或狂放，或典雅，或含蓄，通过长长的领带将其丰富的内心世界传达出来。因此，当我们仔细审视男人时，通过领带这个小小的窗口，便可以看到男人内心世界里那一方变幻的天地。

男士选择领带，就像女士选择丝巾一样，是为了起到装饰作用。在一定程度上，男人对于领带的选择和搭配能够反映男人的内在性格。仔细观察一下周围的男人，便不难发现这点。

领带的打法可以从以下几个方面来分析：

1.领带结小又紧的男人

如果身材瘦小，则表明他们是想凭借小而紧的领带结让自己在他人心里显得高大一些；如果身材不属于这一类的男人，小而紧的领结则表明此类人气量狭小，不好惹，暗示别人最好别惹他们。这类人一般性格孤僻，做事总是先考虑自己，因此与周围的人没有什么深的交情，多数为独来独往型。

2.领带结大而松的男人

领带的作用是使男人显得文质彬彬，风度翩翩，温文尔雅。打这种领结的男人所表现出的那种风度，是自然而然的感情流露。这类男人与人交往时，通常温文尔雅，无拘无束，积极拓展自己的交际空间，深得周围人的欢迎和认可。

3.领结不松不紧的男人

这种领结的打法，会使男人在社交场上显得容光焕发，神采奕奕，在交往中显得更为自信，颇受周围人的认同。由于获得心理上的鼓励，因此与人交流时会注重自己的言谈举止，做事严谨细致。这类人一般比较安分守己，往往把极大的热情和精力投入到工作当中。

除了领结的打法，我们还可以从领带颜色与服饰的搭配上洞悉男人的个性特征。具体分析如下：

1.选择深蓝色领带、白色衬衫的人

蓝色代表含蓄、飘逸和诱惑，这种搭配能够把“蓝领”的职工阶层与“白领”的管理阶层很好地融合起来，显得少年老成，但行为做事不乏风度翩翩。这类男人一般做事专注，事业心比较重，因此在奋斗过程

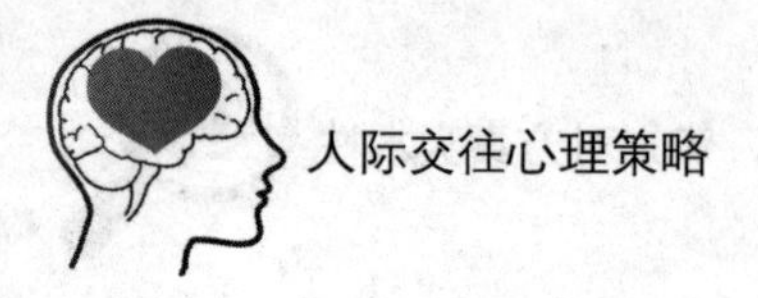

中往往会有急功近利的表现。

2.选择黑领带、白色衬衫的人

黑色代表深沉、稳重和执着。黑白分明的搭配是其性格的真实写照，喜欢这种搭配的人多为稳健老成之类。由于本身阅历丰富，感悟也比较多，能够明辨事非，打抱不平，从他们身上总能够看到正义的影子。

3.选择红色领带、白色衬衫的人

红色代表炽热、爱恋和关怀，更是一种行为做事积极主动的表现，所以选择红色领带的男人，一般自我意识强，有着如火一样的热情，希望自己可以成为周围人的焦点。白色的衬衫给人一种纯洁、干净的感觉，红白的搭配可以体现出其如火的热情和纯洁的心灵。

4.选择黄色领带、绿色衬衫的人

绿色象征着生命力，黄色代表着收获，这类男人能够按照理想去设计生活和人生，并勇于实践，在他们身上流露出的是诗人与艺术家的气质，生活中能够保持一颗平常心，对周围的人能够做到和蔼可亲。

5.选择多色领带、浅蓝色衬衫的人

这种人内心比较多变，热衷名利，对待爱情不能够专一，容易见异思迁。

6.选择黑色领带、灰色衬衫的人

这类人给人一种深沉压抑的感觉，有一种内在的忧郁。这类男人一般气量小，心胸比较狭隘，遇事总爱朝不好的方面想，生活比较悲观，总觉得生活不如意。

根据时间、场合的变化，男性对领带的需求也随之发生变化。领带结的大小和领带的颜色可以反映男人的行事原则和人品，同样，领带的图案也可以表现男人的内在追求。比如，喜欢方格图案的男人做事条理清晰，给人以干练、聪慧之感，这类男人一般头脑比较灵活，充满智慧；浪漫的圆点图案代表倾慕；斜条图案则展现了男人放荡不羁的洒脱。因此，要想准确把握男人的心理，需要综合各方面的因素考虑，才能作出正确的判断。

手提包揭示女人的性格

美国畅销书作家、女性性格研究专家多娜·帕尔托曾这样说过：“手提包可以揭示女人的性格。”同样，男性手提包也揭示出男性的性格。手提包是人们生活和工作中非常重要的物品，你总是要随身带着它，每天都要打开、合上很多次，因此，在一定程度上讲，它能够传递出主人的一些信息。

手提包的样式多种多样，样式各异的手提包背后折射出不同人物的内在性格特征。一般来讲，选择大众化提包的人，没有什么鲜明的个性，很多时候，他们都随大流，思想也比较平庸，生活与事业也不会有太大的成就。反之，那些手提包个性鲜明的人，一般性格也比较鲜明。

1.选择休闲式手提包的人

他们一般工作比较清闲，自由活动的空间较大。这类人懂得享受生活，无论是工作还是生活，他们都会抱着乐观的态度，有进取心。他们喜欢劳逸结合，喜欢在轻松惬意的环境里学习与工作，能够取得较大的成就。

2.选择公文包的人

他们的工作一般比较正规，如公司的老总、公务员、大型国有企

业的正式员工。即便是工作的需要，也可以从侧面反映出他们的性格特征。这类人一般做事比较谨慎，有理有序，性格强而有力。

3.喜欢小巧精致但不实用的手提包的人

这类人一般性格比较单纯，没有经历过什么挫折，更没有经历过什么磨难。他们一般比较脆弱，甚至有些不堪一击，遇到挫折的话容易妥协。但如果已经步入成年仍选择这种样式的手提包，则说明这个人生活态度乐观，对人生充满了期待和希望。

4.选择民族风或具有地方特色手提包的人

这类人自主意识很强，有着与周围的人不同的个性。无论是穿衣打扮还是说话、思维，这类人都会显得格格不入，很难与周围人打成一片，更难有良好的人际关系。

5.喜欢使用金属质感手提包的人

这类人往往比较敏感，接受新鲜事物的能力很强，能够跟上时代的潮流，但这种类型的人从不轻易付出，总是把希望放在别人的身上，因此，这类人很难有知心的朋友。

6.喜欢超大型手提包的人

他们会把手提包当成服务工具，可能里面的东西一应俱全。这种类型的人，一般喜欢自由自在、无拘无束的生活，为人也比较随和，因此容易与周围的人建立一种良好的人际关系。但这类人生活过于散漫，没有什么责任感，易与周围的人关系破裂。

7.喜欢中性色系手提包的人

这类人总是尽量避免引来别人的目光，不希望被别人所关注。这类人没有太强的表现欲望，待人处世都追求折中，生活也比较懒散，无论是工作还是生活都没有什么积极性，往往有得过且过的心理，因此也很难有什么大的作为。

其实，手提包从某些方面来讲，是一个人身份的象征。选择什么样的手提包是一个人内在性格的体现，同样也可以体现着他的生活品味和生活态度。只要你善于观察和总结，相信你也可以从手提包上看出对方的性格特征，从而确保社交活动的顺利进行。

从珠宝首饰看懂女人心

爱美是人的天性，为了把自己打扮得美丽出众，人们选择了各种各样的首饰来搭配。那些靓丽的首饰在美化仪表、愉悦身心的同时，也可以从侧面反映人的性格。首饰可以升华一个人的气质，一对卡通耳环可以给成熟的白领女性增添几分童趣与可爱；一件古朴的银制或玉制的手镯为时尚的女性平添了几分传统的恬静温娴；而风格夸张、金属质地的首饰又将女性柔弱中坚毅不羁的一面展露无疑。因此，我们可以通过首饰了解它与其主人性格之间的联系。

首饰的选择体现人的性格，主要表现在首饰的款式和材质两个方面。

1.从首饰的款式看性格

心理学家们经过长期观察和研究发现，“不同性格的人对不同的形状有着特别的偏爱，这其实反映出人们希望借此寻求一种内心世界与外在美的和谐。”比如，选择小巧明快的几何图案首饰的女性，一般性格比较活泼好动，富有青春气息；相反，那些喜欢曲线和流线型饰品的女性，性格多为温柔贤淑类。

（1）偏爱圆形款式的女性，性格都比较传统，因此，家庭观念比较强，有依赖心理，同时性格也比较恬静，懂得知足常乐，这类女人无论是生活还是家庭都会非常幸福。

（2）钟情于椭圆形款式的女性，此类女性性格独立，依赖心理弱，勇于开拓，事业心比较强。工作中，能够得到上司的欣赏和重用，生活中，她们也能够独当一面。因此，无论在生活还是事业上，她们都会显得与众不同。

（3）喜欢心形首饰的女性，一般性情温婉，待人做事都能够体贴入微，而且此类女人性格浪漫，内心情感丰富，懂得享受生活的乐趣，因此，容易受到异性的青睐。

（4）选择梨形款式的女性，性格比较活泼开朗，多为追求时尚的现代女性。她们敢于接受新鲜事物，并勇于探索，因此，对外界环境的改变具有较强的适应能力。

（5）偏爱橄榄形款式的女性，往往具有独创性，做事喜欢标新立异，不愿意墨守成规，不甘于平淡的生活，总是寻求刺激，她们一般性格坚毅，不易受到外人影响。

（6）偏爱长方形或方形款式的女性，一般性格坚强，不苟言笑，待人真诚。她们做事比较严肃认真，原则性比较强，喜欢把事情打理得井井有条。

2.从首饰的材质上看人物性格

（1）喜欢钻石的女性是典型的现实主义者，这类人做事目标明确，对新鲜事物充满好奇，也敢于接受新的事物。一旦确定目标，她们会积极行动，属于行动派。

（2）喜欢珍珠之美的女性性格纯洁善良。这类人做事时往往能够顾及他人，懂得设身处地替他人考虑，因此有良好的人缘。但是由于她们总把别人放在前面，故而不善于表达自己，这也注定她们不可能成为人们眼中的焦点。

（3）喜欢紫水晶的女性往往气质高雅，这类人一般性格比较文静，爱憧憬美好的事物，想象力也很丰富，但不喜欢过分表达自己的个性，此类人多具有艺术气质。

（4）喜欢宝石的女性性格因为颜色的差异，也会有很大的差别。喜欢红宝石的人，热情奔放，敢于尝试新鲜事物，但往往性格叛逆，与周围的人关系不会太融洽。而偏爱蓝宝石的人，做事喜欢循规蹈矩，认真、刻苦，能够控制好自己的情绪。她们往往待人真诚，是值得信赖的人。

（5）喜欢翡翠的女性，往往性格开朗、生性乐观，对诸事都能看得开，懂得知足，因此，能够愉快面对生活中的烦恼。虽然她们也不善于张扬自己的个性，但是豁达的性格往往使她们成为焦点人物。

（6）喜欢佩戴珊瑚的女性往往性格外柔内刚，总是对神秘事物充满兴趣，此类人常热衷于占卜和宗教仪式。

如果你能够掌握以上这些知识并运用到人际交往中，相信你可以很快了解他人的心理，做个识人高手。

头发潜藏的奥秘

“身体发肤，受之父母”，看似平常的头发，也可以反映出人物的性格。

从头发推断一个人的性格可以从两个方面来说。

第一，从头发的质地来分析人物的性格。

1.头发的软硬与疏密程度不同，人物的性格就不同

（1）头发粗硬，且浓密者：此类人有较强的猜疑心，对什么事情都抱有怀疑态度，不会轻易相信他人。因此，做任何事情，他们都喜欢自己动手，只有掌控一切才会放心，这类人多数具有领导才能，待人处世充满理性，能够把握事情的全局。

（2）头发粗硬，色泽较淡，且稀疏者：这类人一般以自我为中心，有时候无法听进他人的劝告，缺乏容人的度量，虽头脑聪明，但总是骄傲自大，目光短浅，因此，这类人大多不会有什么大的作为。

（3）头发柔软，且稀疏者：这类人的自我表现意识比较强烈，无论何时总喜欢出风头。同时他们也比较自负，很少把他人放在眼里，做事缺乏思考，因此，经常会犯一些错误。

2.头发的曲直，也可以折射出人的不同性格

（1）头发浓密粗硬，且下垂者：这种类型的人，多半身体较肥胖，不喜欢运动，但是他们做事心思缜密，且感情比较丰富，因而容易动感情。

（2）头发浓密柔软，自然下垂者：这类人的性格比较内向，不爱言语，但善于思考。

（3）头发稀疏粗硬而卷曲者：这种类型的人，思维敏捷，有很好的口才，能够成功说服周围的人，做事能屈能伸，因此，这种人更容易获得成功。

（4）头发自然弯曲者：这种类型的人，一般脾气较大且暴躁，疑心也比较重，还有很强的嫉妒心，做起事来患得患失，因此，这类人也注定不可能成功。

第二，从发型上来分析人物的性格。

1.从男性的发型看性格

（1）喜欢留着长长的直发者：这类男人的性格介于传统与现代之间，长长的头发彰显出他们的前卫思想，但是笔直的发型则表明他们思想的保守。

（2）简短的发型者：拥有这种发型的男人，一般充满野心，总想把任何事情都做到最好，因此，无论做什么事情，都会做好充足的准备，可是结果往往恰恰相反。同样，他们也缺少必要的责任心，一旦遇到什么挫折，可能会首先选择后退。

（3）喜欢平头者：这类男人大多数有男子汉大丈夫的味道，内心传统的观念多一点，相对来说比较保守，他们可能会选择一些同样具有硬气的男人做朋友，但骨子里也有一点儿温柔。

（4）喜欢剃光头者：这类人多数情况下只是想引起他人的注意，努力营造一种让人产生误解的想法。

（5）喜欢烫卷发者：这类人对外界往往比较敏感，比较注重自己的外在形象。很多时候，他们能够根据现实改变自己，能够积极主动设计自己的生活，最终达到自己的要求。

2.从女性发型看性格

与男士的发型相比，女士的发型显得复杂多了。飘逸的直发，显得较清纯可人；齐眉的短发，显得天真活泼；满头的卷发，则显得妩媚成熟等。

第三，从发型的变换频率上分析人物性格。

1.经常喜欢变换发型的人：这类人通常富有创意，且注重生活细节，常常通过改变自己的外在形象给自己的生活带来愉悦。他们都喜欢享受生活的乐趣，喜欢结交朋友，因此容易与周围的人建立良好的人际关系。

2.喜欢保持一成不变发型的人：这类人往往不愿意改变自己的生活状态，生活上缺乏好奇心，不喜欢接受新的事物或新的观念，同样也不会轻易接受别人的意见，因此，与那些敢于求新的人相比，他们遵循传统，固执保守。但此类人最大的好处是生活比较稳定，无论是生活还是工作，永远脚踏实地。

无论是发型还是发质，都可以在一定程度上反映出人的性格特征，这是外表反映人物性格特征的一个方面。想要准确洞察他人的心理，还必须与其他方面结合起来考察。

通过香水识别女人的性格

香气，给人以美的享受和身心愉快的体验。我们都知道，价值连城的宝石，历来是达官贵人的掌中珍爱。香水，也有着“液体宝石”之美誉。不同的香水带给人不同的气味感受。植物香赋予我们安静、甜蜜、新鲜的感觉；柠檬香赋予我们清新、阳光的感觉；而铃兰香则赋予我们亲切、真挚、青春的感觉。不同性格的人，对香味的偏好不同，因此，人际交往中，我们可以依据对香味的选择来判断女人的性格。

利用香水来识别女人的不同性格，主要是从香型上入手。

1.花香型香水

选择这类香水的女人，往往多愁善感，她们大多感情丰富，且极其敏感，有时会脱离现实，沉湎于遐想之中，醉心于浪漫。她们对理性的严肃事物反感，其人生哲学是标新立异，热衷新奇。生活中她们总喜欢避开无谓的冲突以及易引起争端的事物，有平和的天性，也很愿意接受别人的建议。

代表香水有：

Lanc me（兰寇）的Tremor（拥抱我）香水，富含玫瑰花香，尽展女士含蓄优雅的一面。

Paloma Picasso（帕洛玛·毕加索）充满鲜花的芬芳，温文尔雅，展现女士感性的一面。

Gucci（古琦）的 Tocade（幸运）散发出迷人的青春魅力。

Nina Ricci（莲娜丽姿）的L Air du Temps（比翼双飞）含有康乃馨、栀子花、玫瑰等的花香，特别能够显示女性感性、浪漫的一面。

Kenzo（高田贤三女士香水）芳香浓烈，诱发无穷幻想，让温婉浪漫的女士驰骋于幻想的国度。

2.新鲜柑橘型香水

选择这种香味的女人多为活泼开朗型，她们性格豪爽奔放，生机勃勃，总是抱着积极乐观的态度面对生活，勇于接受挑战，不畏风险，对新生事物充满兴趣。她们的人生哲学讲求实际，待人接物直截了当，做事注重效率，拥有独立及冒险精神的个性。

代表香水有：

Tiffany（蒂凡尼）的Trueste（真挚）香水，富有青春朝气。

Liz Claiborne（丽姿克莱本）香水，气味清新，将女士活泼的个性表露无疑。

Charles Jordan（查尔斯佐登）的Tress Jordan香水，弥漫着令人陶醉的花香及深沉持久的琥珀香气，是热情奔放的女士的最佳选择。

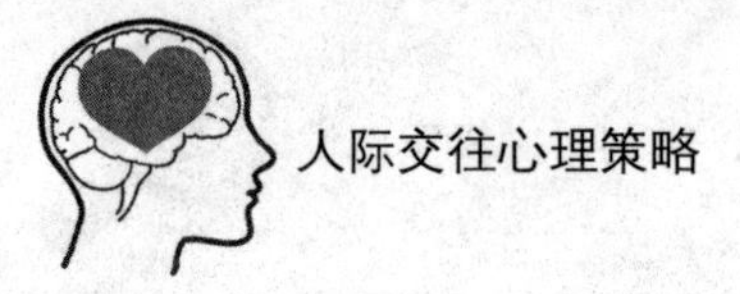

3.东方型香味香水

选择这类型香水的女人性格比较内向，她们注重内心宁静和谐，不善交际。她们更喜欢独居，与外界保持一定距离，在独处其身的同时也能设身处地地为人着想。其人生哲学是追求个性自由。

代表香水有：

Jean Paul Gaultier（让·保罗·高缇耶）香水，既有兰花的细腻，又有玫瑰的芬芳，含蓄而不夸张，如同在轻轻地低诉衷肠。

4.花香和水果香味香水

钟情于此类香水的女士性格一般具有多面性，表现为既活泼又文静，既乐观又悲观，给人变幻莫测之感。她们时而兴高采烈，生动活泼，能够适应新的环境，随遇而安。她们勇于追求时代潮流，但很容易冲动，同样也容易受到伤害。

代表香水有：

L’eau D’isseyl（一生之水），如同清泉一般流泻出怡人芬芳，与活泼且多愁善感偏外向型的女性异常合拍。

Calvin Klein（卡莱尔·克莱恩）的CKONE，如绿茶般清香溢人，最适于年轻人使用。

Iceberg（冰山）香水散发出一种微妙的芳香，将女士那种微妙善变的性格表现无疑。

5.带甜味的花香香水

喜欢这类香味的女人一般属于多愁善感、偏内向型性格，此类女性善于长远规划，有长期目标，避免无谓争端，喜欢收藏。她们耐心沉默，富有吸引力，同时也非常喜欢安定的生活，对安全保障有强烈的需要。做任何事情都十分专注，力求完美，有决断力，是可以委以重任的人选。

代表香水有：

Channel No.19（香奈尔19号香水），集合玫瑰、香柏木、雪松花等鲜花和树木香，优雅别致，尽显此类女性的温柔个性。

Aramis（雅男士）的Tuscony Per Donna（歌剧女主角），糅合玫瑰、牡丹和百合的花香精华，采用意大利工艺制作，尽展多愁善感内向型女性含蓄优雅的一面。

6.檀香、花香、水果香型香水

喜爱这种类型香水的女人，一般属于意志坚强偏外向型性格，她们往往拥有良好的心态和坚强的意志，有自信心，面对困难时很少忧郁失望，善于解决问题。她们对工作积极认真，对朋友真诚坦白，是可以信任的对象。

代表香水有：

Lanvin Arpege（浪凡·艾佩芝），有醉人的幽香，为意志偏外向的女士增添一份深情。

7.乙醛、树木、东方型香水

热衷于这类香味的女人意志坚强，性格偏内向型。这类女人喜欢追求情感上的平衡，既不平静又不活跃。她们为人处世谨小慎微、如履薄冰，在不闯入他人禁区的前提下寻求自己的社会地位。

代表香水有：

Versace（范思哲）蕴含了百合、茉莉及檀香木的馥郁芬芳，展现这类女士追求完美的个性。

Cabotine（歌宝婷）DE GRES（花之精灵女士香水）风格清新淡雅，散发出迷人魅力，使偏内向型女士的冷傲融化，让她们的浪漫温婉倾情

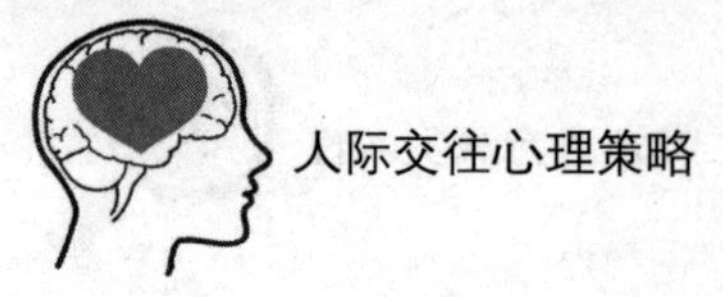

而出。

不同性格的人对香水的喜好不同，人际交往中，我们可以透过香气来判断女人的心理，做到闻香识女人。

第4章

言语，解读他人的言外之意

在人际交往中，能否透过一个人的言语来识别一个人是真心还是假意呢？许多人都说不可能，因为现在很多人都不会直接将自己的真心通过言语表达出来，但是，我们还是可以透过对方的语言来了解他的心意的，这需要一定的心理学知识。通过这些心理学知识，我们便可以解读他人言语背后的真心与假意。

话中有话，意在言外

很多时候，人们不能采用直接的方式来表达自己内心的真实想法，而往往采用一种婉转的说法，话里有话。这个时候，作为听者，我们需要能够从对方的表面话语深入挖掘出对方的“弦外之音”，辨别对方的真实想法，这才是聪明人的做法。只有识别出对方的真实想法之后，我们才能作出正确的回应。

有一位商人见到德国大诗人海涅（海涅是犹太人），对他说：“我最近去了塔希提岛，你知道岛上最引起我注意的是什么吗？”海涅说：“你说吧，是什么？”商人说：“在那个岛上呀，既没有犹太人，也没有驴子！”海涅回答说：“那好办，要是我们一起去塔希提岛，就可以弥补这个缺陷了。”

这里，商人把“犹太人”与“驴子”相提并论，显然是暗骂“犹太人与驴子一样”，而海涅听出了对方话里的侮辱和取笑，回答时话里有话，暗讽这个商人是个驴子，使商人自讨没趣。

听出对方的“弦外之音”并不困难，关键是要有相应的对策来回应对方。我们伟大的周恩来总理就是个中高手。

一位美国记者在采访周总理的过程中，无意中看到总理桌子上有一支美国产的派克钢笔。那记者便以带有几分讥讽的口吻问道：“请问总

理阁下，你们堂堂中国人，为什么要用我们美国产的钢笔呢？”周总理听后，风趣地说：“谈起这支钢笔，说来话长，这是一位朝鲜朋友的战利品，作为礼物赠送给我的。我无功受禄，本想拒收。朝鲜朋友说，留下做个纪念吧。我觉得很有意义，就留下了这支贵国的钢笔。”美国记者一听，顿时哑口无言。

这位记者的本意是想挖苦周总理：你们中国人怎么连好一点的钢笔都不能生产，还要从我们美国进口？结果周总理说这是朝鲜战场的战利品，反而使这位记者丢尽颜面。在现实生活中，我们要做个有心人，能够听出对方的“弦外之音”“话里之话”，如此才能在人际交往中赢得主动权，让自己在社交场合如鱼得水。

我们都知道，听人说话要听出“弦外之音”，以便在人际交往中处理好关系。如果你不懂得如何听人说话，不去动脑子思考他人话中暗含的深意，那么，你不仅会被人看成一个没有大脑、不懂人情世故的人，还可能会因为理解错误而引起尴尬或不必要的麻烦。

有一户农家，住在半山腰上，平日辛勤种田，生活虽不富裕，但还算过得去，只是，如果有个额外的开销，经济就会变得很吃紧。话说这天，男主人很久以前认识的一个普通朋友千里迢迢来访，两人虽然很少见面，但是交情还算不错。一家人非常高兴，于是好酒好菜招待朋友，男主人高兴地与他聊到天明。谁知这客人一住下来，就没完没了，连续住了很长一段日子，而且似乎没有打道回府的意思。

这个时候，家里的菜已经快要吃光了，偏偏正逢梅雨季节，雨不停下来，就无法下山去买粮食和蔬菜，真是糟糕。妇人对丈夫说：“都快没吃的了，你想想办法啊！”丈夫无奈地回答道：“他不走，我总不能请他自己离开吧!”妇人说：“我不管你怎么做，反正已经快没米下锅、没菜可吃了，你再不解决，我们三个人就一起饿死好了！”妇人越说越气，最后竟拂袖而去，留下不知如何是好的男主人。

隔天饭后，主人陪着客人聊天，欣赏着窗外的景致，谈着以往的趣事。这时候，主人忽然看到庭院的树上有一只鸟正在躲雨，而且这只鸟的体型非常大，是以前从没见过的鸟类。于是，主人灵机一动，对客人说：“你远道而来，这几天我都没有准备什么丰盛的菜肴招待你，真是不好意思!”

“别这么说，我觉得一切都很好，你和嫂子款待周到，让我吃得好、睡得好，我心里感激不尽呢！”

“看，窗外树上有一只鸟，你看到了吗？”

“看到了。怎么啦？”

“我等一下准备拿斧头把树砍了，然后抓那只鸟来煮，晚上我们喝酒时，才有下酒菜呀，你觉得如何？”

客人想了半天，十分疑惑地问：“当你砍树的时候，鸟儿可能早就飞了吧，你怎么能抓住它呢？”主人悻悻地看着完全不了解主人用心的客人，说：“怎么会呢，在这个世间，还有更多不知人情世故的呆鸟，大树都已经倒了，都还不知道要飞呢！”

一个不通人情世故、不会察言观色、不会倾听他人话外之音的人，是不会招人待见的。人生在世，人情世故不可不懂，听人说话，也要听出对方的弦外之音、话外之话，弄明白他人心中的真实想法，如此才能够让彼此的沟通更加顺畅。

仔细聆听，以声辨人

有心理学家指出，人说话时声音的频率从几赫兹到几千赫兹，而人在说谎时，由于情绪紧张，一部分频率会随着说话声音和声调的变化而发生改变，专业的测谎仪就是通过捕捉这些变化来判断一个人是否在说谎的。因此，当我们在与一个人说话的时候，可以通过其声音的高低变化、语调的停顿和重音等来辨别其真实心理。做个聪明人，静心聆听，你也可以拥有一双堪比“专业测谎仪”的耳朵。

“娜娜，你看我新买的裙子好看不好看？”

“呀！王姐，太漂亮了！”

这是一段日常生活中的对话，你能从中辨别娜娜的话是否真实吗？

有心理学家经过多年的实验证明，真正的吃惊表情转瞬即逝，超过1秒钟便是假装的。所以，如果你是王姐，娜娜看到你的裙子后吃惊了很久很久，那么她当面的赞美之词一定是假的。除了吃惊的时间，我们还可以从吃惊时的那一声“呀”来辨别，如果她的吃惊是真心的，那么这一声“呀”会短促而轻浅，因为人在吃惊时注意力在衣物上而非自己的喉咙上，反之，说谎者为了表现自己的吃惊，则会故意大声地叫出来。

楠楠今天瞒着妈妈逃学出去玩了，下午楠楠妈妈接到了学校老师打来的电话。得知楠楠没有去上学后，楠楠妈妈非常生气，准备晚上好好教育一下楠楠，但是更让她生气的事情还在后面。

这天，逃学出去玩的楠楠像往常一样在下午五点钟回到家中。

楠楠：“妈妈，我放学回来了，好饿……”话音未落，楠楠就看到了妈妈脸上阴沉的表情，心虚的她马上没了底气。

妈妈：“你今天去干什么啦？”

楠楠："我，我去上学了啊。"

妈妈："真的去上学了？"

楠楠："当然，我当然去上学了，你看还有老师留的作业呢！"为了掩盖事实，楠楠故意提高了自己的嗓门，然而越是这样妈妈便越生气……

有心理学家说，人在说谎的时候，如果被人要求重新确认他的话，那么说谎者往往会故意提高声音、语调，并且机械地重复。所以，作为一名聪明人，我们要学会练就一双灵敏的耳朵。如果你发现在你对他的话用怀疑的语气反问时对方没有向你解释，而只是提高声音、语调，并且紧张而又机械地重复刚刚说过的话，那么他一定是在说谎。

有心理学家曾在一次公开的大型演讲上向在座的两千人提出"你说过谎吗"这个问题，并要求没有说过谎的人将手举起来。但是，现场没有一个人举起自己的手。这个小小的提问说明什么？其实，在人与人的交流过程中，每个人都有许多不得不说的谎话，所以，有时候，当你听到有人在说谎的时候，没有必要当面揭穿，只要自己心里明白、报以微笑即可。所谓聪明人，就是要不但能够通过他人的语调、声音去辨别其谎言，有时候更要学会理解，这才是一种明智的社交心理。

揣摩对方说话的语气

同样的一句话，采用不同的语气说出来，会有不同的表达效果。语气不仅能够反映说话者当时的心情状态，还能透露出说话者内心的真实想法及态度。作为听话者，我们不能仅仅听出说话人的字面意思，最

重要的是了解说话者内心的真实想法，只有这样，我们才能作出正确的应对，不仅将事情处理好，也照顾到对方的感情，处理好人际关系。因而，我们在听人说话时，要十分注意对方说话的语气，因为语气能够透露很多非常重要的信息，不容忽视。当别人笑着说“你真是太可爱了”，你可以把这句话当成对自己的一种赞美、一种由衷的喜爱；然而，同样的话，如果对方用一种嘲笑或是挖苦的语气说出来，就可能是对自己的一种贬损了。所以，说话的语气比话语本身更需要注意，因为它是承载那句话的基础，它所包含的内容会让这句话所传达的情感更加丰富。

有一个女孩非常爱慕虚荣，经常在他人面前“王婆卖瓜，自卖自夸”。一次午间休息，大家在一起开茶话会，作为工作之余的一种消遣。大家和和气气地说说笑笑，感觉挺好的。然而，她一参与进来，就天南海北，将自己见过的、听过的全部拿出来炫耀，茶话会变成了她一个人的展示会。后来，另一个女孩就笑着对她说：“你可真见多识广！”别人都听出了话里的奚落，相互间会心地一笑，她却并未听出弦外之音，反而以为是对自己的赞美及肯定，说得更加带劲了。后来，大家都把她当作“不正常”的人，觉得她“脑子少根筋”“听不懂人话”，渐渐疏远了她。

所谓“听不懂人话”，就是不会听他人说话的语气，以至错误判断他人说话的真实意思，作出了错误的回应。如果那个女孩能够听懂对方话中嘲笑及反感的意思，及时停止那种不讨人喜欢的说话方式，并在以后的聊天中多加注意，也就不会被人认为是“脑子少根筋”了。

聪明的人不仅会说话，更会听话。一句话的语气不同，表达的意思也不尽相同。聪明人应该能够从不同的语气中找到话中暗含的真实意

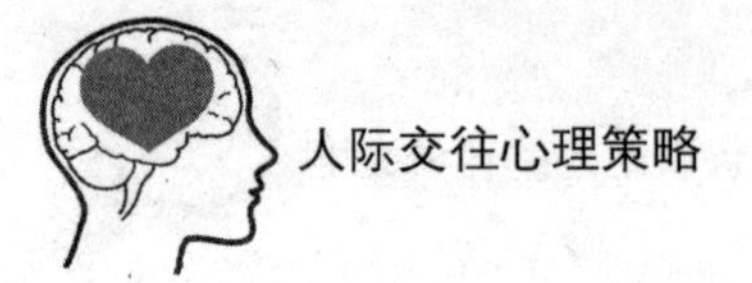

义，弄清他人内心的真实想法。只有弄清楚他人的真实想法，我们才能作出正确的决定。特别是与别人打交道的时候，要想得到他人的喜爱，建立良好的人际关系，就要从交谈时别人的说话语气中去了解对方的内心需要，然后投其所好，如此才能让对方对自己产生好感，愿意与自己结交。

小王跟小李平时关系不错，以姐妹相称。一天，小王来借小李的笔记本电脑用，打算把上班时未完成的任务完成。小李非常热情地答应了，说："没事，你尽管拿去用吧。"小王、小李都很高兴，小李为能够帮助朋友而高兴，小王为能够完成工作而且结交到一个好朋友而高兴。第二天，小王来借电脑时，小李正在看电影，但是看在朋友的份儿上，还是借给了小王。小王也觉得受之无愧，因为自己是干正事，而小李只是在娱乐。第三天，小李在看电影的时候，小王又过来借电脑。这时，小李虽然心中万般不愿，但还是客气地说："哦，你拿去先用吧，用完再还给我。"全然没有了前两次的爽快与热情。小王听出了小李口气里的不情愿，于是用非常抱歉的语气说："真不好意思，老是麻烦你，改天我请你吃饭。看来我也得尽快买台电脑才行。"小李马上阴霾尽扫，说道："嗯！现在电脑也不贵，买一个方便多了。"然后，小李痛快地将电脑借给了小王。

如果小王没有听出小李心里的不满，还是依然故我地坦然接受小李的电脑，恐怕要不了多久，他们之间的关系就会疏远了，而小王也会被认为是一个不知趣的人。

人们说话的语气有时候比语句本身更加重要，因为说话的语气能够反映说话者内心的真实情感及意愿，而这些是人们在沟通过程中最需要注意的因素，沟通时彼此的感情及内心想法都有赖于语气来反映。因此，要认真地揣摩对方说话时的语气，才能辨别出对方内心的真实想法，才能真正地读懂他人。

“口头禅”是性格的一种标志

很多人说话时，常常在无意之中高频率地使用某些词语，这就是人们所谓的“口头禅”。著名心理学家杨永超说：“口头禅的形成，大致跟使用者的性格、生活遭遇或是精神状态有关，可以算是个人的一种标志。”口头禅是人们习惯的一种日常用语，这种语言习惯最能反映一个人的真实状态及内在的性格特征。

从一个人的口头禅可以看出一个人的性格特征，具体分析如下。

喜欢将“说真的”“不骗你”“老实说”等挂在嘴边的人，通常性格比较急躁，内心常有不平之感，他们十分在意别人对于自己所陈述的事情的评价，担心别人误解自己，特别希望自己在集体中能够得到认可，并得到更多人的信赖。

将“听说”“据说”“听别人说”作为口头禅的人，大多做事比较谨慎，处世圆滑，做什么事情都会给自己留有余地，很少会对他人作出承诺、给他人以保证。此外，这类人往往自信心不足，做事优柔寡断。

喜欢将“可能吧”“或许是吧”“大概可以”等作为口头禅的人，通常自我防卫意识很强，不会轻易将自己内心真实的想法流露出来，为人处世方面比较冷静，不轻易听信他人。有时候也可能为了不使矛盾激化或者避开锋芒，转而以退为进。

喜欢将“应该”“必须”“一定”等作为口头禅的人，通常比较理智，遇事非常沉着、冷静，并且自信心很强，自以为能够让对方信服。但是，“应该”说得过多，反而表现出其有“动摇”的心理。而经常使用“你必须”“你应该”等命令式词语的人，则固执骄横，有强烈的领导欲望，并且永不满足。

喜欢使用“啊”“呀”“嗯”“这个”“那个”作为口头禅的人，通常办事谨小慎微，对人对事都很温和，不轻易得罪人。有些反应慢或是词汇量少的人也会使用这样的口头语作为间歇的手段，这些人通常反应迟钝。当然，很多比较有城府的或是骄傲的人，也会经常使用这类口头语故弄玄虚。

喜欢使用“但是”“不过”等口头禅的人，通常处世圆滑，办事谨慎，与人沟通时经常是先肯定对方的观点，再利用“但是”“不过”等委婉地表达自己的反对意见，不与其针锋相对，却坚持己见。

喜欢使用“你看”“我觉得”之类口头禅的人，一般较和蔼亲切，待人接物也能做到客观理智，冷静地思考，认真地分析，然后作出正确的判断和决定。他们不会独断专行，能够给予别人足够的尊重，同样也会得到别人的尊重和爱戴。

喜欢使用“确实如此”“对对对”的人，大多浅薄无知，而自己却浑然不知，还常常自以为是。这些人通常没有自己的主见，喜欢随波逐流。

喜欢使用“其实”的人，表现欲较为强烈，希望引起他人的注意。他们的性格大多任性倔强，而且非常自负。

喜欢使用“我要”“我想”“我不知道”的人，大多思想单纯，爱意气用事，情绪也不太稳定，会让人捉摸不透。

喜欢使用流行词汇的人，追求时尚潮流，喜欢跟风，没有自己的主见，独立意识不强，为人处世也很浮夸。喜欢使用外来语言和外语的人，爱卖弄和夸耀自己，虚荣心非常强。喜欢使用方言并且底气十足、理直气壮的人，自信心很强，个性独特。

喜欢使用“绝对”这个词语的人，做事十分草率，容易主观臆断，缺乏自知之明，自我意识强，让别人很难接近。经常将“绝对”挂在嘴边的人，通常都有一种自恋的倾向，有时候即便连自己都觉得理由很牵强也不愿承认错误，还要编造一大堆的理由来狡辩。

人们的性格特征及内心的真实想法大多可以从他们的口头禅中反映出来。要想更多地了解身边的人，不妨多花些心思，研究一下周围人的口头禅，并且花时间认认真真地揣摩，多多比较与分析。时间一长，你会发现了解一个人也并不是那么难，从他人的几句口头禅里就能够判断一个人的真实个性和内心的真实想法了。

语速反映对方的情绪状态

语速，就是说话时吐字的快慢疾徐。人在说话的同时，也是心理、情感和态度流露的过程，其中，语速的快慢疾徐直接反映出说话人的情绪状态。

在现实生活中，每个人都有各自特定的说话方式及语速。有的人天生性子急，说话如连珠炮、机关枪，噼里啪啦说个不停，不给他人喘息的机会；有些人天生性子慢，说话慢慢吞吞，不急不慢，无论情况有多紧急，都依然故我，按照原本的语速说话。生活中，大多数人的语速介于两者之间，说话语速属于正常语速。每个人的语速都是由于长期的

生活习惯养成的，反映了其自身的性格特征。一般来说，说话速度慢的人，比较忠厚老实，性格内向，思维缜密；说话速度快的人，性格热情外向，比较精明，也比较浮躁。

一般来说，一个心理健康的人，说话语速应该是多变的，会根据环境、情景、氛围的不同而改变。例如，当他获得荣誉、受到嘉奖时，他会很谦虚，会用比平时慢的语速来表达对他人的谢意；当他完成自己定下的目标、心情激动时，他会用比平时快得多的语速来向自己的朋友或亲友报喜等。喜怒皆行于色的人，内心没有郁结，心理更加健康。而人的喜怒也可以通过说话的语速表现出来，因而，一个心理健康的人，他的说话语速是顺应自己心情的变化而变化的。

在现实生活中，我们可以通过一个人的语速变化来判断人们丰富的内心情感的变化。当一个平时说话语速比较缓慢的人突然加快语速的时候，他有可能是在向人们传达对自己受到不公正待遇的一种抗议，也有可能是他有一个独到的见解，希望引起他人的注意，希望对方能够将他的话听完。一个平时伶牙俐齿的人，当他遇到某个人的时候，如果他自己突然将自己的语速放慢，说话吞吞吐吐，反应迟钝，可能是因为犯了错误、心虚或底气不足，也有可能是有什么事情瞒着对方，放慢语速是希望对方听不出什么，不至于引起对方的怀疑。当你们正在高声谈论某个人的时候，被谈论的主角刚好来到，这个时候，为了不让对方听见你们正在议论他，你就会放慢自己的语速，等待对方走远再以正常语速与其他人交谈。当然，有些时候，当一个人碰见自己内心喜爱的人时，他的说话语速也会减慢。例如，某个性格开朗的女孩一直暗恋着某个男孩，她在跟别人交谈的时候，总是热情活泼，谈笑自如，但是，一旦遇到自己喜欢的男孩，她就马上变得不知所措，害羞腼腆起来，说话也慢条斯理，温言细语的。这其实就向他人暗示出她喜欢他这个心理。

我们经常看到的情况是，一位平常说话慢慢悠悠、不急不躁的人，面对一些人对他的指责、诋毁时，如果他用快于平常的语速大声地进行反驳，那么很可能这些话都是对他的无端诽谤；如果他支支吾吾，半天说不出话来，那么很可能这些指责就是事实，他自己心虚、中气不足。当一个平时说话语速很快的人，或者说话语速一般的人，突然放慢了语速，就一定是在强调什么东西，想引起别人的注意。有些时候，一个人在向别人撒谎时，他会用比平时快得多的语速来说，以此来掩藏自己的心虚，他害怕说慢了会露出马脚。此外，有的人会因为内心的自卑而加快自己的语速，以表达心中的不服气；也有的人会因为自卑而放慢自己的语速。

语速很微妙地反映出一个人说话时的心理状况，留意他人的语速变化，能够了解他的内心变化。当一个人突然加快或是放慢自己的说话语速时，我们一定要仔细揣摩其当时的心理状态，以便准确应对。

有些客套话只是说说而已

现代社会越来越开放，越来越包容。说“客套话”，可能会被人们认为是“曲意奉承”、爱“拍马屁”、虚伪做作等；但是，会说“客套话”、说好“客套话”也是人际交往中的一种礼仪，是一门不可或缺的社交知识。客套话说得好，会被认为是有能力、会为人处世，这种人更受人喜爱。

然而，说什么“客套话”，如何去说，也是大有学问的。说“客套话”时，不同的用词、不同的说话方式，可以反映一个人的处世是否圆滑以及圆滑的程度。我们要学会的就是根据对方的“客套话”来分析对方处世的圆滑程度，从而在交往中作出正确的判断及应对。

陌生人初次见面时，为了给他人留下一个好的印象，说话通常会非常客气，相互之间十分谦敬。这种客气是为了打破彼此之间的沉默，加强相互之间的交流，是很普遍的做法。一个善于跟陌生人客套的人，是一个喜欢社交或善于社交的人，这种人当然也非常懂得人情世故，社交能力也较强。

相互之间了解不多、关系不深的人们，在交往过程中通常也比较客气。这种客气一方面是对相互之间的一种尊重，另一方面也体现出相互之间的一种疏远感，说明彼此关系还不那么紧密。对于关系不深的人来说，相互之间的客套是必要的，如果不会客套，反而有可能会被认为是不懂礼貌。

关系非常好的人，相互之间已经非常熟悉了，彼此之间可能因为默契而省略了中间的客套。但是，如果平时关系很好、相处也很随意的人突然对自己客气起来，反而可能会让我们有种摸不着头脑、不知所以的感觉。这个时候，我们就要好好地思考了：我们之间是不是出现什么问题了？是我做了什么得罪他的事情了吗？还是他做了什么事情不敢告诉我而心虚？是不是因为其他事情让他觉得自卑了？他在故意疏远我吗？或者他在向我抗议什么……可见，客套背后隐含了太多的深意，熟人之间不宜突然、过分客套。有时候，过分地使用敬语和“客套话”，反而表示有强烈的妒忌、敌意、轻蔑和戒心。

有些生活在城市的人，对外乡人说话显得非常客套。从另一个角度看，这或许是一种强烈的排外性的表现。有一些自身条件优越的人，对一些条件不好的人说话非常客套，这可能是一种疏远、轻视他人的表现，以显示自己的高高在上。

一个平时关系一般也不怎么来往的人，突然之间对你非常客气，有可能是因为有求于你而故意拉拢你，以求得你给他们带来的便利；也有可能是你取得了什么成就，尤其是在你一鸣惊人的情况下，让他们刮目相看，令他们想跟你成为朋友，客套是交友的开始。

如果两个人之前闹过矛盾，彼此发生过争吵或是打过架，然后很长一段时间内相互之间不理不睬，突然其中一方对另一方客套起来，那么，他很可能是想缓和矛盾，修复关系，这种客套是一种让步，是一种低调的求和表现。如果他是争吵过程中错误较大的一方，那么，主动客套则是一种委婉的承认错误、间接道歉的方式，这种人通常自尊心很强，不愿意直接道歉。

有些人客套时，喜欢引用名人话语或是典故，这些人一般属于权威主义者，有一种夸张的自我表现欲，自尊心特别强，一般不允许别人有超过自己的地方。

有些人彼此之间交往很久，双方的了解也很深，但是，对方依然在使用“客套话”措辞，说话也十分谨慎。这些人可能自我防卫意识很浓，轻易不让别人闯进自己的内心；有可能比较自我，不喜欢与人作更进一步的交往；也有可能对方在心理上有冲突与苦闷，或者心中怀有嫉妒或敌意等。

善于客套的人，处世比较圆滑，有技巧，他们懂得利用客套来改善自己的人际关系，因而人缘也比较好；然而，过分客套的人，则会给他人一种疏远感、距离感，因而所交往的多是泛泛之交。其实，现代社

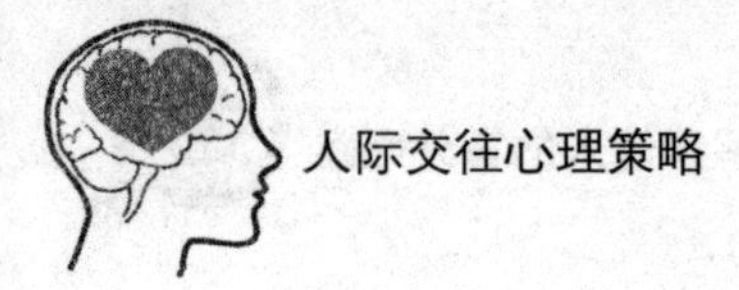

会，人们的交际圈子更加广阔，对于朋友的定义也越来越包容，几面之缘甚至是一面之缘的人都可以被称为朋友。客套，会让你结交更多的朋友。

第5章

姿势，解语各种体态语言

每个人因为生活环境不同、接触的人不同、思维习惯不同，在对待事情时所表现出来的态度和体态特征也是不尽相同的。无论自己还是他人，有时候一举一动都能反映出人物当时的内心活动和长久以来养成的习性。如果能够仔细观察，看破这其中蕴含的玄机，相信一定可以使你的识人技艺更上一层楼。

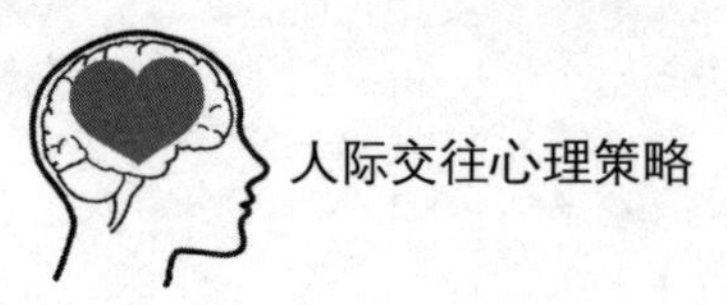

头部姿势大有“乾坤”

迪·摩里斯的研究指出，人体被接触频率最高的就是头部，头部占人体面积的1/9，自我触摸行为有50%以上集中在头部，如情绪混乱时会抓头皮、痛苦时会双手抱头。头部在人类的情绪表达中起着举足轻重的作用，它构成了人类肢体语言的多样性。其实，除了手部在不同情况下与头部的接触外，头部还有很多姿势，这不同的“头部姿势”也是大有乾坤的。

“头部姿势”构成头部语言，指的是运用头部动作、姿态来交流信息的非语言符号。例如，点头表示同意、肯定或赞许，摇头表示反对、否定或批评。除了点头和摇头这两个最基本的头部动作外，头部姿势反映的情绪和性格信息也是十分丰富的，如摇头晃脑表示自我陶醉；昂首侧目表示刚正不屈；垂头表示厌倦或精神萎靡；头部上仰是惊讶，或与远处的人打招呼的表现；交头接耳则说明心不在焉。

在交流过程中，外显的头部动作也是内心或情绪的重要体现。头部保持中立，是你对另一方说的话或做的事没有强烈爱憎感觉的体现，既不厌倦，也没有多大兴趣；歪头听人讲话是感兴趣的表现，接收到这个动作的一方不妨多说一些，因为对方觉得这个话题很有趣，这也是向异性表达好感的方式之一；低头听人说话，一般说明对对方的话不感兴趣、觉得无聊，或内心不愉快、不想再听下去等。

既然不同的头部姿势表达不同的态度，那么同样地，当一个人将某种头部姿势形成习惯之后，就表明他经常有此种情绪和心理，这已经成为他性格的一部分，对其为人处世的方式、做事原则和方法等都会产生影响。那么，不同的头部语言反映怎样的性格和心理呢？

（1）摇头晃脑者。这类人通常唯我独尊，比较专断，在事业上敢闯敢做，一往无前。他们喜欢用“点头”或“摇头”来表示对某一事物的肯定或否定态度，这种人性格里的独断性使他们通常表现得很自信，善于在社交场合表现自己，但也容易遭到他人的厌恶。

（2）拍打头部，表示茅塞顿开，灵感突现，或恍然大悟，有“果然”“明白了”的意思。时常拍打前额的人一般都心直口快，为人坦率真诚且富有同情心；习惯拍打脑后部的人，有开拓和学习精神，但待人苛刻，不注重感情，是朋友圈中的不安定因素。

（3）习惯抬起下巴、抬起头与人交谈的人，通常自我意识很强烈，善于与人周旋，不易打开心扉，同时又自以为高高在上。这类人可能容貌出众，天资聪颖，自信傲慢，吝于称赞他人，对否定自己的人会回以重击。

（4）点头有鼓励和赞许的意思，会让人产生被认可、被重视的感觉，善于在交谈中运用点头动作的人，通常都会有不错的人缘。因为点头是诱导对方侃侃而谈的好策略，会提高对方的谈话兴趣。以点头示意谈话者，是对其所说内容表示认可和接受，对方会觉得自己是被尊重和喜欢的。

（5）点头并非都是肯定的意思。若对方针对谈话内容或节奏向你做出点头的动作，表示其对你某种承诺的允许及好感；可是若点头的动作

与谈话节奏或情节不符，就说明对方三心二意，或有事情隐瞒；在两人的谈话过程中，假如对方连续点头超过三次，则有可能是不耐烦或否定的信号。

（6）摇头不一定就是否定，特别是在男女交往的时候。女性时常出现的摇头动作，并非是对对方的不认同，相反，这实际上是女性内心动摇不定的表现，即因为不确定对方的心意而采取了拒绝的姿态。

（7）当人们感到悲痛或沮丧时，为了获得精神上的安定，会下意识地用手撑住头部，这种减轻头部重量的方法是为了获得一种心理上的平衡，进而缓解精神上的疲劳。

（8）前面我们说，歪着头听人说话是对谈话内容有兴趣的表现，这种情况也有例外。女性在与男性交谈时，假如虽然歪着头，可是头部左右晃动，并且用手不时去拉自己的耳垂，这是内心不安的表现。

（9）当一个人说话的声调提高时，他的头部也会随之抬高，而当要结束谈话时，随着声调的降低，头部也相应地降低下来。当他继续说话时，不但声调保持相同的高度，头部也挺得笔直。在与异性谈话时，假如对方的声调降低并低下头去，或是配上看手表的动作，那是对方希望结束谈话的表现。

（10）与上级见面时，对方第一眼接触的往往是我们的头部，因此，对于男性来说，最好呈现头部略微上抬的动作，这是精神和力量的体现；而女性则最好能头部略低、平视前方，彰显女性的温柔、优雅。

总之，成为一个读懂和善于运用头部语言的人，将使我们与他人的沟通更如鱼得水。

不容忽视的手势语言

心理学家指出，人与人之间的沟通方式有语言、声音和肢体语言三种。其中语言表达占7%，声音占38%，而肢体语言在三种方式中所占比例最大，为55%。肢体语言又叫身体语言，是由人的四肢运动引起的，而手是人体活动幅度最大、运用最自如的部分，因此它是人类表达情感的重要部位，手部和手指构成的手语更成为人类重要的无声语言之一。

细心观察可以发现，人们在生活中对于手势语言的使用已经到了浑然不觉的地步，比如，远远看到熟人时会举手打招呼、兴奋时会手舞足蹈、紧张时会手足无措。手势语言作为重要的身体语言，是人们将情绪无形中外露的表现。因此，在人际交往活动中，读懂手势语言将为我们了解对方心思进而选择更好的沟通方式提供线索。

为了避免不必要的错误和误会，也为了使我们与他人之间的沟通更加顺畅，我们先来了解一下常用的手势语言及其含义吧。

大拇指朝上竖起，这个手势是我们中国人最熟悉的表示赞赏和夸奖的方式，表示“很棒”“了不起”“太厉害了”等；大拇指朝下，表示“向下”“下面”，意思是“你很差”“你输了”，有侮辱和鄙视的意味；向上伸小指，意为“小”“最差”“倒数第一”，是轻蔑的表示；大拇指和食指搭成一个圆圈，再伸直中指、无名指和小指，相当于英语中的“OK”，一般用来征求对方意见或回答对方问话，表示“同意”“没问题”“顺利完成”等，有时也表示数目“0”或“3”；弯曲手指，尤其是将手臂前伸，手心向上，前后移动所有手指，这是我们中国人常用的招呼别人过来的动作，但切忌在英、美人面前使用，因为对他们而言，那是招呼动物的表示。

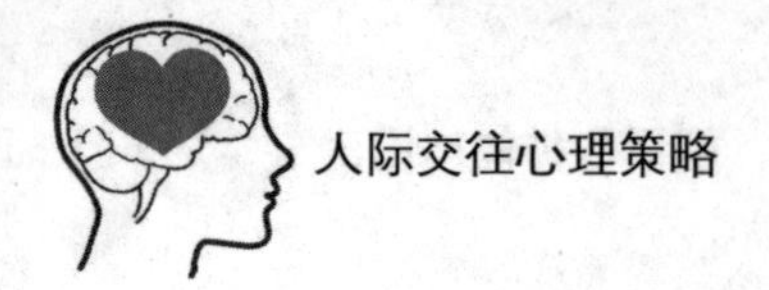

人的情绪会通过手部动作不经意地传达出来，因此，在与人交流时，当对方有如下表现时，你就要注意了。双手托腮，是因无聊而想放松的表现；手指敲击桌子，表示无聊或不耐烦；手在耳朵部位搔痒或轻揉耳朵，说明已不想再听下去；用手指轻轻触摸脖子，表明对你所说的持怀疑或不同意态度；把手放在脑袋后，说明对方有意辩论；用手挡住嘴或稍稍触及嘴唇或鼻子，是对方想隐藏真实想法的表现；反复抚摸额头，说明对方感到害羞、困惑，或为难；手指握成拳头，说明对方小心谨慎，情绪有些不佳；手放在腰上，说明对方怀有敌意；当对方不同意你的说法却又不愿意说出来时，他可能将视线转移到衣服上，做出弹灰尘的动作等。

如果你能察觉并准确判断出对方手势语言里的含义，就可以及时转移谈话的内容，或者调整说话方式，从而使交谈取得更积极的效果。

我们知道，一时的动作会反映一时的情绪。可当一个动作反复出现的时候，就会形成习惯。行为心理学家指出，一个人在一定的时间内做同样的动作或是事情二十八次，就会成为一种习惯。俗话说，习惯决定性格。因此，当某个手势成为某个人的习惯性动作时，他内在的个性就可窥一斑了。

1.抹嘴、捏鼻子

有这类习惯的人多数属于被人支配型，即别人要他做什么，他就做什么。他们大都喜欢捉弄人，却又不“敢作敢当”，这种人比较喜欢哗众取宠。

2.抹头发

这类人通常个性鲜明，爱憎分明，疾恶如仇。他们善于思考，做事细致，但常常因为对事业的追求而忽略了家庭。

3.轻敲头部

习惯拍打前额的人，一般都心直口快，为人坦率真诚，富有同情心，值得信赖，比较会为别人着想。习惯拍打脑后的人，通常对事业非常执着，具有极强的开拓精神，尤其是他对新生事物的学习精神，让人不得不钦佩。但往往不太注重感情，而且对人苛刻，比较喜欢利用人。

4.掰指关节

这类人很健谈、精力旺盛，但也喜欢钻“牛角尖”，通常多愁善感，比较多情。他们对事业、工作环境很挑剔，喜欢做的事会全力以赴，反之则是天壤之别。

5.指手画脚

在说话时习惯用各种手部动作来配合语言的人，大多性格外向，做事果断。自信心强，习惯于把自己塑造成领导型人物。他们对朋友真诚，但不轻易把别人当作知己，踏实肯干的性格使他们的事业大都小有成就。

6.手插口袋

有这个习惯动作的人，一般性格偏于保守内向，不轻信他人，做事步步为营，城府较深，不轻易向人表露内心的情绪。

7.把玩饰物

这个动作多出现在正与男士相处的女性身上，这类女性通常做事认真、性格内向，虽然情绪容易波动，但不会轻易让情感外露。与男士相处时，即使早已心潮澎湃，也会保持表面上的平静。把玩饰物不是她对对方不在意或冷淡，而恰恰是她希望谈话继续却不敢轻易接近的表现。

在交往活动中，只要留心观察，就会发现很多与人交往的小窍门。

通过手势语言来了解他人的情绪和性格，将给彼此的相处、交往提供更多有用的信息。

一个人的走姿与内心

心理学家研究发现，人体中越是远离大脑的部位，其可信度越高。也就是说，越靠近大脑中枢的地方，其伪装性就越强，表现出的信息就越不可靠。在人际交往过程中，我们早已习惯去注意对方的脸，却不知这是假信息最多、最具欺骗性的部位，而人的下半身才是暴露出真实信息最多的地方。

细心观察可以发现，生活中，当人的心情改变时，走路的姿势会随之而变。高兴的时候步履欢快，呈轻盈之态；沮丧的时候步伐缓慢，呈沉重之姿。心理学家指出，人的脚也是有语言的，即脚语，它是指人在坐立行走时脚所做出的动作、所发出的声音、所对的方向等。而脚步的轻重缓急配合腿部动作形成的走姿，会因为人的情绪状态和性格而各不相同，因此，观察一个人的走姿，将有利于我们了解一个人的性格。

1.步伐急促、矫健

这类人通常都是行动主义者，体力充沛、精明能干，比较注重现实，往往事业有成；凡事三思而后行，不莽撞、不唐突、不好高骛远，无论是事业还是生活，都能够脚踏实地，一步一个脚印地前进。这种人一般重信义、守诺言，不轻信人言，有自己的主见和辨别能力，是值得信任之人。他们还敢于面对现实生活中的各种挑战，适应能力强，凡事讲求效率，不拖泥带水。

2.走路时身体前倾

有些人走路时习惯身体前倾，甚至看上去像猫着腰。这类人的性格大多较温柔内向，为人谦虚，有良好的修养。他们重感情，珍惜友谊和感情，只是平常不苟言笑，性格比较内敛，很少向他人倾诉，因此很容易一个人生闷气、在感情上受伤。这种走姿的男性一般很少花言巧语，见到漂亮女性时多半还会脸红。

3.步调平缓

这类人走路时总是一副慢腾腾的样子，无论别人如何急他都不在乎似的；他们凡事讲求稳重，“三思而后行”，比较务实，绝不好高骛远；遇事容易知难而退，不喜欢张扬和出风头；做事缺乏冒险精神，喜欢思考再三，绝不冲动行事，拒绝冒险，因此常常错失良机。但在工作岗位上，他们可能因自身的务实精神而受到提拔和重视，属于典型的务实主义派。

4.走路时昂首挺胸

这种人大多比较自信，自尊心较强，有时甚至自负、清高、孤傲、妄自尊大。他们绝不轻信他人，凡事只相信自己，习惯主观臆断，在人际交往中常常表现得淡漠、无所谓，因此常常孤军奋战。他们思维敏捷，做事有条不紊，有组织能力，能够成就事业和完成既定目标，自始至终都能保持完美形象，是不错的组织者和领导者。

5.走路时喜欢踱方步

这种人性格通常比较沉稳持重，面对挫折和困难时比较能保持清醒的头脑，而不会被感情色彩的东西左右判断力和分析力，是冷静和理性的人。这类人有时虽然也会觉得累，可他们的自尊不允许自己向人诉苦，因此表现在人前就是很少有笑颜，比较严肃，令人敬畏。这类人一般涉世极深，了解人情冷暖，因此在一人独处时常感到压抑，属于不容易快乐的人。

6.走路时连蹦带跳

有这种走姿的人一般一步三跳，喜形于色，似乎时刻都有好消息或愉快的事发生，跟他们相处也容易觉得轻松、快乐。他们性子好动，喜欢他人的关注；做事粗心大意、丢三落四，但对人慷慨，不求名利与享受，安分守己，认真经营自己所热衷的事业；喜欢凑热闹，害怕孤独；健谈，常常口若悬河，评古论今；思想单纯，喜欢户外活动，特别是徜徉在大自然当中。这类人一般城府不深，不会隐藏自己的心思，人缘很好，为很多人所喜欢。

7.走路时左右摇摆，仿佛弱不禁风

这类人就是我们通常所说的“假”，喜好故弄玄虚，明明一无所有却要摆出一副卓尔不凡的架势，遇到难题不是推卸转移就是不了了之，不允许别人有半点对不起他们；奸诈虚伪，善于阿谀奉承。这类人因其做作、自私的做人和行事方式而不被人喜欢，一般人缘较差，不适合深交。

8.走姿呈严谨的军字步伐

这种走姿如同上军操，步伐齐整，双手有规则地摆动。这种人一般意志力强，甚至有些“独裁”。他们是对目标和理想都很坚持的人，专注于自己的信念，一旦选定了目标就不会因外在的环境和事物的变化而轻易受影响。他们“不达目的誓不罢休”的行事作风，也使他们有时会不惜牺牲任何东西去达到个人的理想和目标，十分执着，有时甚至会钻“牛角尖”。这类走姿的男人通常既让女人喜欢，又让她们讨厌，因为他们的执着有时会变成一种死缠烂打，令人头疼不已。当然，当他们把这份执着和坚持运用到事业上的时候，常常会有不错的作为。

人的表情是多姿多彩的，而相对的，走姿就简单纯粹得多。有时，死盯着一个人变幻莫测的面部表情，还不如将视线下移，通过走姿去分析他的内心世界。

站姿透露内心的秘密

看过鲁迅小说《故乡》的人，想必都记得他笔下那个自私狭隘、尖酸刻薄的“豆腐西施”杨二嫂——站立时双手叉腰，“像一个细脚伶仃的圆规”。这样站姿的女人是无论如何也无法让人将其与优雅、高贵这样的词汇联系在一起的，一个站姿描写，就使一个世俗、自私的女人跃然纸上。

站姿是人们生活中最基本的举止，一个人是优雅是粗俗，是得体是无礼，全都能在他的站立姿势上现出影子。一个人的站姿到底有多重要呢？心理学家指出，不同的“站姿”可以显示出不同的性格特征。也就是说，只要仔细观察一个人的站姿，就能对这个人有个大概的认识。

（1）双手叉腰而立是自信和心理上占优势的表现，属于开放型动作，一般出现在对面临的事物有充分心理准备时。假如双脚再分开且比肩宽，往往存在潜在进攻性，若再加上脚尖拍打地面的动作，则暗示着领导力和权威。

（2）站立时双手叠放在胸前是种拒绝的姿态，这种人通常性格坚强，不轻易向困境低头，但过分重视个人利益，与人交往时常呈现自我保护的防卫状态，比较难以接近。

（3）站立时双手插入口袋是不表露心思、暗中策划的表现，若同时弯腰弓背，可能正经历不开心的事。

（4）站立时双手于背后相握的人，通常责任心重，奉公守法，尊重权威，有耐性，能够接受新事物和新思想，缺点是情绪不稳定，常给人高深莫测之感。

（5）喜欢倚靠站立的人，通常比较坦白，容易接纳别人，但是缺乏独立性，喜欢走捷径。

（6）单腿直立，另一条腿弯曲交叉，或斜置于一侧，是持保留态度或轻微拒绝的表现，也可能是拘束或缺乏信心的体现。

（7）双脚并拢，双手交叉站立，并拢的双脚表示谨小慎微、追求完美，这种人通常是平静而顽强的人，看起来缺乏进取心，实则韧性很强。

（8）背手站立，背手暗含“不想把手弄脏，因此要搁置一旁”的意思，这类人多半自信心很强，喜欢把握局势，控制一切，有居高临下的心理。但是，若是一只手从后面抓住另一只手的手臂，则可能是在压抑自己的愤怒或其他负面情绪。而在服务行业中，背手站立，则有“我没有行动，没有威胁性”的意思。

（9）站立时含胸、背部微驼的人，往往缺乏自信，这样的女孩子比较单纯、需要人保护或积极引导。很多青春期女孩子对身体的变化没有树立积极健康的认识，比较会出现这种站姿。

（10）站立时两手握置于胸前的人，其性格表现为成竹在胸，对自己的所作所为充满成功感，虽然不至于睥睨一切，却踌躇满志，信心十足。

（11）遮羞式站立，是用手有意无意地遮住裆部，一般男士居多，此为防御性动作，表明内心忐忑不安，准备遭受否定和批评。

（12）站立时习惯把手置于臀部的人，自主性强，处世认真而不轻率，驾驭能力强，但是比较顽固、主观。

（13）站立时习惯把一只手插入裤袋，另一只手放在身旁的人，性格复杂多变，时而冷若冰霜，对人处处提防；时而与人推心置腹，极好相处。

（14）站立时双脚并拢，双手垂置身旁的人，一般比较诚实可靠，做事循规蹈矩且性格坚毅，不愿意向困难低头。

（15）站立时背脊挺直、胸部挺起的人，通常给人以“气宇轩昂”“积极乐观”的印象，有充分的自信，属开放型性格，这类人一般很注意个人形象。此外，当人心情十分乐观愉快时，也会出现这个站姿。

（16）弯腰曲背、略呈佝偻状的站姿属封闭型，这类人有自我防卫、闭锁、消沉的倾向，同时也表明精神上处于劣势，有惶惶不安或自我抑制的情绪。

（17）站立时不能静立，不断改变站姿的人，通常性格急躁暴烈，身心常处于紧张状态，且思想观念容易发生变化，属于喜欢接受新的挑战的行动主义者。

（18）双脚成内八字状，是常见的女性站姿之一，有时女性会为了隐藏自己的支配欲和好胜心而采用这个站姿，有软化态度的意味。

站姿千姿百态，每个人都有自己习惯的动作或姿态，要想在这些小习惯中给人积极向上的印象，就要练就最佳的站姿。因此，挺胸收腹、双目平视的站姿是比较推荐的。这种开放型的站姿展现的是乐观愉快的精神面貌，会给人愉悦的心理感受，可以大大提高他人对我们的印象分。

从下意识的睡姿看性格

英国睡眠专家克里斯·伊德兹考斯基教授在对1000名受试者进行研究后，总结道："醒着的时候我们都能感觉到自己的肢体动作，但我们第一次发现下意识的睡眠姿势也能体现我们的性格。"因此，可以说，要了解一个人的真实性格，观察其睡姿是很好的方法。

（1）胎儿型睡姿，这是最常见的、特别是女性当中最习惯的睡姿，即睡觉时整个人倒向一侧，身体蜷缩着，头紧紧地靠着枕头，有时候手还握着枕头的一角，好像子宫中的胎儿一样。习惯这种睡姿的人，多是外表强悍内心敏感的人。他们初识陌生人时可能会害羞，但很快就会恢复自在。

一般来说，胎儿型睡姿的人多数缺乏安全感，比较敏感，独立意识不强，对熟悉的人物或环境总是有着极强的依赖心理，比较感性，逻辑思维稍差，习惯逃避困难。但是，胎儿型睡姿中，向右侧卧，右手放在枕头旁边，左手自然搭在腰间，双腿自然弯曲的姿势，被认为是最科学的一种睡姿，有利于整个身体的放松。采用此睡姿的女性人数是男性的两倍多。

（2）海星式睡姿，即睡觉时身体正面平躺在床上，手脚伸开呈"大"字型。这类型的人多善于倾听，并愿意帮助他人，因此容易交到知心朋友。有此睡姿的通常有两类人，一类是对自己盲目乐观、盲目自信，甚至有些自负的人，他们待人热情，藏不住心事，有什么说什么，情绪变化快，思维敏捷，属于做事速度型。另一类人各方面的能力都很强，不怕失败和伤害，但他们往往防卫心理弱，在人际交往中比较容易受伤害。有此睡姿习惯的人，性格中还有放任、不克制自己的一面。

此外，海星式也是胖人喜好的睡姿。虽然从生理学的角度上这个睡姿并不被推荐，可是胖人侧睡会使侧边身体的压力过大，影响睡眠质量，而仰睡能让庞大的身躯分散在宽广的后背上，从而使身体的每个部位受到的压迫减轻些，有利于胖人的睡眠。

（3）自由俯卧式，即面朝下趴着睡，脸转向一侧，两手放在枕头旁边。这是使用最少的一种睡姿，采用这种睡姿的人通常都过于关注自己，他们多数喜欢热闹，胆子大，内心却可能有些神经质，脸皮很薄。他们不喜欢被人批评，自我保护意识强却又拿捏不好度，有时会有自我保护过度、防卫过度的状况发生。

这种人和海星式睡姿的人正相反，在和人交往时会保持很远的距离，甚至表面上和你很亲近，实际上内心疏离。他们以自我为中心，对他人漠不关心或冷漠，太过强调自我，心胸狭窄，有时甚至会走极端。他们喜怒不形于色，比较内向，甚至是特别内向。他们有时会强迫别人来适应自己的要求，不在乎他人的感受，或者对此表现出散漫的态度，给人很自私的印象。此外，专家指出，这种睡姿虽然表面上看是安全的，但实际上会对人体的各部分造成压迫，对人的伤害非常大。

（4）士兵式睡姿。与“海星式”有些类似，也是正面平躺，不同的是，士兵式睡姿是双臂紧靠在身体两侧。这类人通常性格安静、保守、中规中矩，而且特别自律，对自己的要求很高，表现出过分的理性。他们一般不喜欢人多嘈杂的场合，会一丝不苟地严格要求自己，甚至会不自觉地开始要求别人。从好的方面讲，这类人属于做事比较有恒心和毅力的那一类，因此往往信誉很好，但是也时常给人古板、固执、冥顽不灵的感觉，因为他们对自己定下的规矩有种顽固的坚持。

（5）树干型睡姿，也叫圆木式睡姿，即睡觉时身体偏向一侧，双臂顺贴在身上，整个人看上去像一根树干。这种睡姿的人大多性格开朗，好相处，喜欢融入不同的集体，显示出一定的领导才能和号召力，但容易轻信他人。

喜欢侧卧的人通常性格比较中间派，在人际交往、情绪表达上比较适度，既不情绪化，也不会过分理性；在自信心方面，既不会自卑，也不会自负。除了侧卧的方向，手和腿的位置也会反映不同的性格和心理。

①侧卧时手枕在胳膊上，这种会导致手臂酸痛的睡姿一般人都不会用，有此睡姿的人多是在人际交往中有诸多思量的人，他们喜欢讲规则，但不过分，拿捏有度，既不会与人有太大冲突，也不会和人走得太近。

②侧卧时双手向前伸出，好像在渴求什么。采用这种睡姿的人通常心胸开阔，但可能多疑且尖刻。他们不轻易作出决定，可是一旦作出决定就不太会再更改，性格中有一定的坚持和顽固性。

③侧卧时手放在胸前，这是种防卫的姿态，假如侧卧时抱着被子，这种睡姿的人的不安全感更强些，抱着被子是借用外在的事物来保护自己的潜意识动作，这个动作会给他们带来安全感。

④侧卧时弯曲一条腿的膝盖，这类人往往喜欢抱怨和发牢骚，容易因为紧张而神经紧绷，常常小题大做，对小事容易反应过度。

（6）思念型睡姿，即身体偏向一侧，双手向外伸展，与身体形成直角。这类人性格外向，喜欢与人交往，容易融入集体，但有些多疑，甚至有些偏激和愤世嫉俗，比较难接受不同意见，有一定的自我坚持和固执性。

心理学家指出，心理活动会影响到人的外在行为表现。虽然每个人都有一定的伪装性，但是人们无意识的行为就像一面心里的镜子，照出了他们无法伪装的内心。因此，细心观察睡姿这种非意识控制下的行为，将使我们对一个人的内部心理活动或性格有个更真实的认识。

从坐姿看穿性格秘密

心理学家研究发现，坐姿能透露一个人的心理，不同的坐姿也可以揭露人们各异的内心世界。

（1）正襟危坐，即双脚并拢并微微向前，整个脚掌着地。这类人通常为人真挚诚恳，襟怀坦荡，做事有条不紊，力求完美，办事周密，讲究实际，可能有洁癖倾向。这种人只做有把握的事，拒绝冒险行事，往往缺乏创新与灵活性，因拘泥于形式而显得呆板。他们外表看上去有些冷漠，实则古道热肠。

（2）脚尖并拢，脚跟分开。这类人做事容易犹豫不决，有时因过分拘谨而显得变通能力差；习惯独处，交际范围小，一般局限在熟悉的人中间；洞察力较强，能以最快的速度对他人的性格作出准确分析和判断，看人比较准，但有时会出现过分高估自己能力的状况。

（3）敞开手脚而坐。这类人性格外向，喜好主导一切，有领导者气质或支配性的性格，有时显得不知天高地厚。有这种坐姿的女性通常给人自以为是的感觉，其实这恰恰是她们缺乏生活经验的表现。

（4）侧身坐。一般是感情易外露的不拘小节者，他们性格外向，比较自我，此坐姿正是他们心情舒畅、不介意他人眼光的表现。

（5）脚踝交叉而坐。当女人采用这种姿势时，通常在双脚交叉的同

时，双手会自然地放在膝盖上或将一只手压在另一只手上。心理学家指出，这是一种表示警惕或防范的姿势，是为了控制紧张、恐惧等负面情绪，防止消极情绪外露而表现出的无意识的姿态。当男人做出这种姿势时，通常双拳紧握放在膝盖上，或双手紧紧抓住椅子的扶手，这都是内心不安的表现。

（6）有的人在坐下后，腿脚会不由自主地不停抖动，尤其喜欢用脚或脚尖带动整个腿部一起抖动。这种坐姿的人一般都比较自私、利己，对自己很纵容，对他人却很刻薄、吝啬。但是，这类人通常也很善于思考，经常会提出一些他人意想不到的问题。此外，人们在内心焦躁不安、不耐烦或为了摆脱紧张情绪时，也会不自觉地出现摇摆、抖动腿部或用脚尖拍打地板的动作。

（7）尽力蜷缩身体，双手夹在大腿中间而坐。这类人一般自卑感较重，谦逊但缺乏自信，性格多属于服从型。

（8）在他人面前猛然而坐。这类人一般给人一种随随便便、不拘小节的印象，其实这种坐姿正是他们内心隐藏着不安，或者有难以启齿的心事的表现，猛然而坐的动作是他们潜意识里用来掩饰自己的真实心理状况的不自觉行为。

（9）跷二郎腿而坐。倘若是无论哪条腿放在上面都很自然，则说明这个人比较自信，懂得如何生活，也善于与人交往，有不错的人际关系。

（10）将椅子转过来，跨骑而坐。一般当人们感到威胁、想要压住对方在谈话中的优势，或对他人的谈话感到厌烦时，比较容易出现这种坐姿。而有此坐姿习惯的人，通常都是唯我独尊的性格。

（11）大腿叉开，两脚跟并拢或者是保持并不太大的距离。有此坐姿的多是男性，他们很有男子汉气概，通常还具有一定的社会地位或成就。在谈话过程中，这种坐姿会带来一种心理上的优越感，倘若再加上一定的勇气和果断的魄力，这种人就是坚定的行动派，是想做就做而且不会轻易改变决定的类型。

（12）叠腿而坐，即一条腿叠在另一条腿上。把右腿叠在左腿上面的人，通常比较有涵养、个性比较保守，内心理智，习惯压抑和控制个人感情，不轻易吐露真情；把左腿叠在右腿上的人则刚好相反，他们天性爱冒险，对于感情也比较积极大胆。

（13）别腿而坐，即将一条腿别在另一条腿上。有此坐姿的一般是害羞、忸怩、胆怯、缺乏自信的女性。

（14）斜躺着，双腿伸直，双手枕在颈后。这种姿势看上去相当放松，实际上，摆出这个姿势的人很可能内心深处正处于极度不安、对他人充满了怀疑的状态。他们很可能有自卑心理，这个姿势正是他们抵抗外部世界侵扰的表现。

（15）其他。倘若有人坐你旁边时有意识地挪动身体，则说明他在心理上希望与你保持距离；并排而坐的两个人要比对坐的人更有心理共同感；喜好与人对坐，而非并排坐的人，说明他正希望被对方理解；斜躺在椅子上的人比坐在他旁边的人更有心理或地位上的优越感；腰部挺直而坐，可能表示对对方的恭顺之意，也可能表示被对方的言谈激起浓厚的兴趣，当然，也可能表示自己在心理上占据优势，毫不畏惧。

研究表明，一个人的坐姿会影响其自我评价和自信水平，挺直腰背的坐姿会使人们有更积极的自我评价，而弯腰驼背的坐姿只会让人沮丧和犹豫，因此，保持头颈端正、笔直向上的坐姿，会使人们对自己更满意、更有自信心，从而提高其工作学习的积极性。

第6章

嗜好，窥探对方的为人态度

当前社会竞争激烈，每个人都承受着巨大的生活压力。想要更好地生存在这个社会上，就必须懂得社会的复杂性。与他人交往时，如果能够准确把握对方的心理，一定可以帮助我们更好地识人。前面我们已经从一些方面作了分析，这一章主要从一个人的兴趣爱好来看个性与心理。每个人都有感兴趣的事物，与他人交流的过程中，不妨从兴趣爱好方面入手，掌握对方的性情与内心，为你的社交活动助上一臂之力。

透过色彩判断对方性格趋向

众所周知，颜色会对人的心理产生很大的影响。日常生活中，人们往往会选择自己喜欢的颜色。这些不同的颜色背后，折射出的是一个个鲜明的个性。因此，透过颜色的偏好，可以看出一个人的个性特征和真实心理。人际交往中，我们可以学会透过颜色识人，第一时间读懂他的内心。

各种颜色所对应的性格分析如下：

1.喜欢红色的人

红色代表的是活力，热情。喜欢这种颜色的人属于情绪型的人，心情变化较大。这种人通常具有强烈的好奇心，喜欢追根究底。他们中的绝大多数人思维非常敏捷，很聪明，且精力充沛，多数都非常喜爱运动，也善于结交新的朋友。但不足之处就是有时做事固执，一旦想要的东西得不到，就有可能纠缠不休。

喜欢红色中带有蓝色光的人往往情绪比较激昂，也是很有活力的人。喜欢粉红色的人往往性格内向，经常被当成优柔寡断的人，但不失温柔可爱。他们通常固执己见，听不进别人的意见和建议。性格软弱的他们总是害怕面对现实，时常把自己的内心封闭起来，常常躲在自己的小天地之中。

2.喜欢黄色的人

黄色是所有颜色中反光最强的颜色，喜欢这种颜色的人多属于性格外向型。这类人通常性格活泼开朗，谈吐大方，热情好客，头脑灵活，做事情条理清晰。但这类人有时可能会很固执，以自我为中心，不能接受他人的意见。他们中的绝大多数人有很强的独立性，但是缺少坦诚的精神。喜欢深黄色的人，则很容易自负，可能会认为只有自己才能作出正确的决定，有时疑心较重。总之，喜欢黄色的人，在交际场上，能够发挥其最大的优势。

3.喜欢橙色的人

橙色代表着力量、智慧、震撼、光辉、知识。喜欢这种颜色的人，往往内心比较敏感，且富有同情心，乐于助人，总会尽自己最大的能力去帮助那些值得帮助的人。这类人通常喜欢户外活动和运动。虽然他们通常做事感性，但是很清楚自己的行为。这样的处世态度，会为他们赢得尊重。

4.喜欢紫色的人

紫色代表神秘，喜欢这种颜色的人往往追求完美主义，对自己要求苛刻，因此，他们不断努力，争取做到更好。这类人多愁善感，容易滥用感情。虽然他们自认为很平凡，但其实他们相当有个性。在公开场合，他们会显得沉默而内向，但敏锐的观察力可以帮助他们发现许多有效的信息。他们能够设身处地地替别人考虑，因此可以交到很多的朋友。

5.喜欢蓝色的人

蓝色令人联想到孤独、沉思、独立和平静，它是真理与和谐的颜色。喜欢这种颜色的人往往充满理性，面对问题冷静沉着。绝大多数人性格比较内向，不擅长与人交际，不过志趣相投的人除外。这类人往往有独到见解，且坚持己见。

6.喜欢青色的人

钟情于这种颜色的人通常爱憎分明，重感情但有理智。这种人往往具备很强的责任心和坚持不懈的精神，做事情能够有始有终。这类人通常有风度，有很强的判断能力，且做事果断、雷厉风行，不喜欢拖泥带水，属于有计划、有原则的人。

7.喜欢灰色的人

这类人性格较外向，喜欢替人打抱不平且富有领导能力。人际交往中，这种人往往理解能力相当强，待人处世处处彰显出领导气质。

8.喜欢黑色的人

黑色代表着放弃，也意味着自制，因此，喜欢这种颜色的人往往好胜心强，不服输。他们通常会给人一种复杂、高贵、戏剧性的感觉。他们可能成为极有权力和威慑力的人。

9.喜欢白色的人

白色代表的是纯洁与神圣，喜欢这种颜色的人多属孤独与内向型的人。这类人往往性格孤僻、木讷，喜欢独处一角，很难与人沟通，且这类人通常思想比较保守，对事物缺乏探索与冒险精神。

10.喜欢绿色的人

绿色作为一种中立颜色，常与复苏、生长、变化、天真、富足、平静等有关。喜欢这种颜色的人大多是平和的人，有上进心，但不喜欢过于凸显自己。他们中的绝大多数人喜欢群体的生活，擅长与周围的人保持良好的人际关系，总是给人亲切温和的印象。

透过一个人喜欢的颜色，可以洞悉他的内心。因此，如果能够把这些知识运用到人际交往中，你也可以第一眼掌握他人的个性与心理，成为社交场上的高手。

从电视节目看人的心理

有线电视的普及，给人们带来了更多精彩的节目，各种类型的节目令人眼花缭乱。但并非所有的人对所有的节目都感兴趣，人们会根据自己的爱好来选择。其实，对于电视节目类型的选择是一个人个性与心理的折射和暗示。美国一位心理学家指出，通过一个人喜爱电视节目的类别，可以判断出他的性格与心理。

第一，从喜欢的节目类型来看人的性格。

1.喜欢看连续剧的人

喜欢看一些伦理、家庭、爱情剧之类的人，通常都具有丰富的想象力，且喜爱幻想，时常把自己当成剧中人物。日常生活中，这类人情感很丰富，容易被电视剧里的人物所感动，有时候甚至深陷其中，很难从剧中的情节中走出来。绝大多数都富有正义感，喜欢打抱不平，这种人做事往往能掌握很好的分寸。

2.喜欢看大型综合性娱乐节目的人

有这种喜好的人往往性格外向，喜欢一些潮流时尚的东西。人际交往中，他们往往乐观开朗，笑对生活中的困难。拥有这种喜好的人通常心地善良，性格也比较随和，生活中即便与人发生不快也不愿记恨别人。这类人凡事喜欢往好的一面看，最能体谅别人，因此受到大众的欢迎。

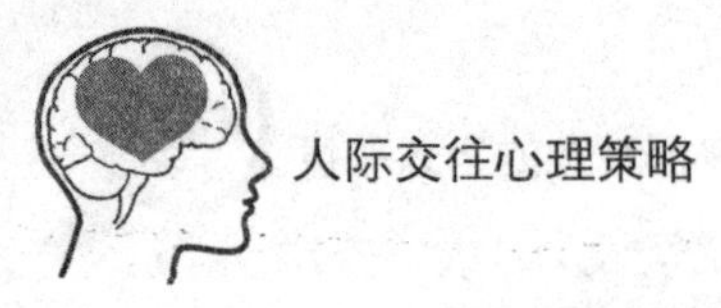

3.喜欢有奖游戏或猜谜式节目的人

拥有这种爱好的人往往非常聪明，喜欢迎接挑战，乐于享受那种推测答案的过程。因此这类人往往有较强的推理能力。日常生活中这种人遇事头脑冷静，分析独特严密，做事喜欢刨根问底，那些无知和愚蠢的人是他们所最不能容忍的。

4.喜欢欣赏体育竞技类节目的人

通常情况下，喜欢观赏这种类型节目的人竞争心极强。他们也很喜爱接受挑战，某些情况下，外界的压力越大，他们的表现便越好。生活中这类人通常足智多谋，且做事考虑周详，面对生活中的每一次挑战，他们都会力求做到完美，可以说是完美主义者。

5.喜欢看戏曲节目的人

生活中这类人通常充满自信，喜欢富有挑战性的工作，富有冒险精神，容易接受新鲜的事物。这类人中绝大多数都带有强烈的英雄主义色彩，虽然他们关心他人，但往往态度较强势，因此会显得有些霸道。这类人通常喜欢领导和左右别人，可能会因为独裁专断失去要好的朋友。

第二，从喜欢观看节目的性质来看人的性格。

1.喜欢观看喜剧节目的人

这类人通常个性含蓄，喜欢利用幽默的笑声去掩饰自己内心最真实的情感。生活中他们要求并不高，只需要过得愉快开心就可以了，这类人往往家庭观念极强，无论是男人或是女人都会很顾家，可能外表看来会给人一种漫不经心的感觉，但是他们内心很热切。

2.喜欢神秘恐怖节目或破案故事的人

这类人往往具有很重的好奇心，喜欢追求一种刺激而又不平凡的生活。通常这类人的竞争心比较强，做起事来也会坚持不懈，力求全力以赴。从心理层面来讲，看这种性质的节目可以消除内心的压力，但是要有个度，一旦对这种节目上瘾，就会对生活产生不好的影响，甚至会把影片与现实混淆，以至性格古怪。

3.喜欢看一些卡通动漫节目的人

多数人都认为卡通动漫节目只是孩子们特有的一种喜好。因此，如果是成年人喜欢看这种类型节目，则表明他们性格中有天真顽皮的一面；同时还说明了这类人性格中所拥有的逃避心理，有时候他们也会像孩子一样，企图逃离所生活的这个环境。

4.喜欢看一些武打动作片的人

有这种喜好的人，绝大多数都是男性，少部分女性也会有这种喜好。这类人往往内心深处有一种英雄的情结，在现实生活中无法实现的东西有时候能够从影片中得到满足。影片中，正邪势不两立，而那些邪不压正的情节会在很大程度上符合人们的心理期望。因此，有这种喜好的人往往有强烈的正义感，且喜欢打抱不平。

人际交往中，如果你还没有找到对方感兴趣的话题，不妨试着从电视节目入手。只要能够引起他人的谈话兴趣，了解他的节目选择，相信你也可以一眼看穿他的个性特征与心理。

音乐喜好与人格类型

英国剑桥大学的心理研究人员曾对74名大学生进行了调查，记录了他们的性格特点，然后让他们每人写出自己最爱听的10首乐曲。结果发现，人类对音乐的偏好与个性关系密切。正所谓萝卜、青菜各有所爱，

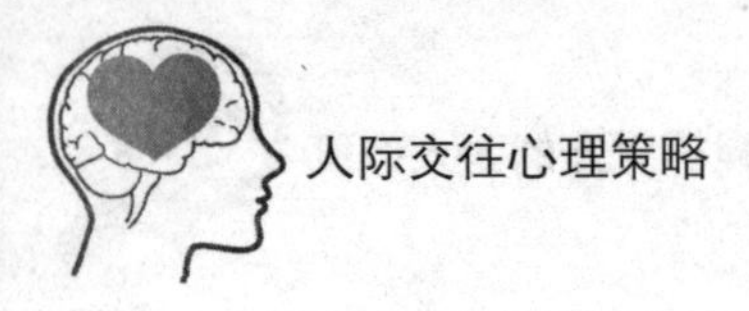

不同的人喜欢的音乐类型也不尽相同，在这些风格迥异的音乐背后，所代表的则是不同的性格。

例如，爱听热情奔放的音乐的人性格外向，乡村音乐的爱好者老成稳重，爵士乐乐迷机敏理智。音乐偏好与一个人的性格关系密切，我们可以从喜欢的音乐的风格来了解一个人的性格特征，具体分析如下。

1.喜欢听轻音乐的人

这类人通常具有丰富的想象力，对生活充满幻想，尽管有时候现实生活并没有想象的那么美好，但是他们可以自我调节，经常把自己沉浸在音乐的美好意境中。这类人通常喜欢结交朋友，生活态度也比较乐观。

2.喜欢听流行音乐的人

钟情于这种音乐的人，绝大多数都喜欢追求一种轻松自在的生活方式。他们中的大部分人属于随波逐流型，很容易沉醉在这种简单、轻快的意境中。他们的内心深处对深层次的自省和强烈的感情是最不能忍受的，他们总是通过音乐来保持一种轻松自在生活方式。

3.喜欢古典音乐的人

喜欢这种音乐的人，绝大多数都充满理性，处理问题时懂得反思和总结，能够从中吸取经验教训。多数情况下，他们都会自我反省，能够从音乐中领悟到很多人生感悟，但这类人往往性格比较内向，别人很难走进他们的内心，有时候他们会把音乐当成自己的知音。

4.喜欢听乡村音乐的人

喜欢这种类型音乐的人，往往细心而又敏感，有时候会对别人不在乎的问题表现出过分的关心。这类人通常性格温和，待人亲切，喜欢一种平稳的生活，尤其喜欢那种自然的田园生活。人际交往中，这类人通常表现得比较圆滑，做事也比较沉稳，不会轻易做出令自己后悔的事情。这类人往往属于情绪稳定型。

5.爱好爵士乐的人

喜欢这种类型音乐的人，性格中感性成分多于理性，因此这类人容易被感性冲昏头脑。很多时候他们会凭直觉做事，因而容易脱离现实。这种类型的人，多数喜欢无拘无束、丰富多彩的生活。有时候，他们的内心也会存在一些荒唐的幻想，喜欢接受新奇的事物。在他们看来，五光十色的生活更令他们向往。

6.喜欢摇滚乐的人

喜欢这种音乐的人，往往充满自信，有时也会踌躇满志，对周围的环境感到不满，多数人会有愤世嫉俗的想法。他们总想通过音乐把自己的情绪发泄出来，因此这类人往往性格比较张扬，习惯炫耀自己的优点，但有些时候他们也会感到迷茫和无助，会借用摇滚音乐的魅力使自己在世俗中趋于平静，找到心灵上的慰藉。他们往往喜欢与一些志趣相投的人在一起。

7.喜欢歌剧的人

喜欢这类音乐的人思想传统保守，容易情绪化，易做出一些偏激行为，但是他们相当有自知之明，对于自己的弱点从不掩饰，并且总是想方设法控制自己，避免发生不愉快的事情。他们有很强的责任感，对自己的一举一动都很慎重，力求以一个完美的形象出现在众人面前。

8.喜欢打击乐的人

爱好这种音乐的人，一般性格耿直爽快，并且对生活充满希望，在待人处世上也会遵循平和的原则。这种人喜欢轻松愉悦的环境，并能够做到谈笑风生，因此，这类人通常具有很强的社交能力。

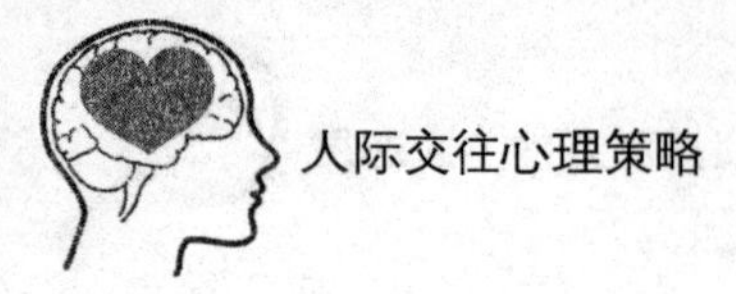

9.喜欢听颓废音乐的人

喜欢这类音乐的人，往往内心比较自卑，对自己的生活现状不满意，有悲观绝望的情绪。这种人性格有时比较矛盾，虽然内心也很渴望他人的接近，却很难与别人建立一种良好的人际关系。有时候他们会借助音乐表达自己内心的那种反叛心理。从某些程度上讲，这样的音乐正好可以使他们的内心得到满足。

音乐的种类繁多，每种音乐偏好的背后折射出的是一个人的个性特征与心理活动。一个人对音乐的爱好则会随着时间、环境的改变而发生改变，如果能够把这些应用到人际交往中，你就可以从音乐品味上了解一个人。

从宠物偏好观察对方性格

随着社会的进步与发展，越来越多的人选择养一些小动物来打发闲暇时间。其实，人们在驯养各种各样的动物时，都怀有让动物服从或追随自己的欲望。也就是说，在饲养宠物的过程中，人们会表现出各种愿望，从而体现出自己的个性。由此可见，想要了解一个人的深层心理，可以从他所养的宠物入手，相信你一定会有所收获。

经过调查研究发现，在人们所选择的宠物中，以狗最多，占21%，其次分别是鸟类及猫，各占14%与13%。下面就来看一下各种各样的宠物与主人的性格之间的联系。

第一，从选择宠物的种类看一个人的性格。

1.喜欢养狗的人

狗有体型大小和性情之别，常被人们当作家庭成员。喜欢狗的人，

绝大多数人个性比较随和，具有吃苦耐劳、踏实、认真的品质。生活中这类人极易迁就他人，且容易受他人的指使。这种类型的人有时候依赖心也比较强，但同时具备宽宏大度和责任心。社交场上，在外人看来，他们善于交际，给人以开朗、敏捷等印象。

具体到某种类型的狗，所折射出的性格也不完全相同。例如，喜欢养哈巴儿狗、牛头狗的人往往内心缺乏自信，希望通过对比来掩饰自己的自卑。而那些专门饲养圣伯纳狗的人，实际上是想通过狗的雄伟气势来炫耀自己的经济与地位，这类人往往虚荣心较强。

2.喜欢养猫的人

与狗的性格大不相同，猫很少主动亲近人，它懒洋洋的个性有时会让主人摸不透其喜好。因此，以猫为宠物的人往往有着很强的自信心，且独立意识很强。生活中这类人在外人看来有很高的魅力指数，但是如果有人主动与之交往，则会表现出爱答不理的样子，让人觉得难以相处。这类人通常善于保护自己，以适应不同的环境。

3.喜欢养鱼的人

喜欢养鱼的人内心向往的是自由自在的生活，在鱼儿的世界里，无论外面的世界多大，它们都能够活得悠然自在，因此有这种爱好的人往往思想境界也高，容易知足，注重陶冶自己的情操。人际交往中，他们也不会太过张扬，低调做人与处世是他们一贯奉行的行为准则。

4.喜欢养鸟的人

鸟儿从古到今都是人们比较喜欢的一种宠物，它们整天生活在笼子里面，虽然也很向往外面的世界，却无法勇敢迎接外面的生活。因此，喜欢养鸟的人通常都有双重性格，一方面内心渴望能够得到自由，从目前的生活中解脱出去；另一方面他们又害怕，一旦离开现在的生活，后

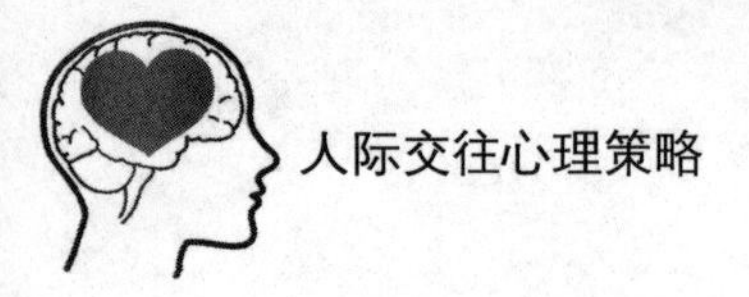

果可能不很理想。这种人一般性格较为孤僻，人际关系不可能很好。

5.喜欢养猪的人

宠物猪作为猪中“贵族”，它们往往“天资聪颖”，活泼好动，通人性，深得主人的喜爱。实际上，喜欢养宠物猪的人性格往往乐观，且胸怀宽广。生活中这类人往往充满享乐精神，对生活有着特殊的要求。与这样的人交往，自己的生活也会变得充满乐趣。

6.喜欢养蜥蜴的人

随着社会的发展，近年来流行饲养“另类”宠物，如蜥蜴、蛇等冷血动物。虽然这些动物既不可爱温柔，也不会亲近人类，但仍不妨碍人们对它们的喜爱。实际上，喜欢喂养这类宠物的人智商较高，但通常情商偏低。与人交往时，他们总会充满防御心，且不善于与别人交往，生活中也不会在乎他人的感觉，因此这类人往往缺乏知心朋友。

第二，从对待宠物的方式上，也可以看出一个人的性格特征。

例如，经常把小猫、小狗放置在身边的人，或者喜欢和宠物说话，甚至亲吻自己的宠物的人，多数情感需求不能满足，在他们的内心深处，已把自己的感情奉献给自己的宠物。此种行为以女性为多，这类人往往内心深处很孤独，希望得到他人的理解与抚慰。人际交往中，有时可能会表现出性格开朗的一面，但是他们的内心深处还是渴望一份属于自己的感情。

现实生活中，不同性格的人会选择不同的动物作为宠物来养，而通过饲养动物的不同，又可以折射出人的内在性格与心理，因此，人际交往中，想要了解一个人的性格和心理特质，只要观察他所养的宠物就可以了。

喝什么透露一个人的品位

每个人都有自己喜欢的饮品，不同性格的人的选择也不尽相同。其实，不同的饮料爱好体现的正是不同的性格与品味。人际交往中，如果想要了解一个人的个性与品味，可以从他喜欢的饮品入手。

从饮品的选择上能体现一个人的性格特征，具体分析如下：

1.喜欢把茶当饮料的人

这类人往往喜欢品味生活，就像是品茶一样，也许结果并不重要，重要的是喝茶的过程。有这种喜好的人通常喜欢一种平缓的节奏，性格沉稳，从他们的身上你可以感受到一种古朴的气息，他们喜欢把事情做得井井有条。这类人通常注重内在的修养，且喜欢思考问题，有时候他们会沉浸在自己的思想里，生活中这种人通常都有渊博的知识，与这样的人交往能给人一种清新、舒适的感觉。

2.喜欢碳酸饮料的人

有这种喜好的人，通常能够给人一种时尚、潮流、年轻的印象。喜欢这种饮品的人多数属于时尚一族，不管他们年龄多大，都有一颗年轻的心。这类人喜欢刺激和冒险，崇尚自由自在、毫无拘束的生活，多数人都很爱玩，因此，与这样的人交往时，你能够时刻感觉到他们的那种快乐。

3.喜欢果汁饮料的人

钟情于这种饮料的人，往往性格乖巧、柔弱。这种人往往内心纯洁善良，他们的思想稍有些保守，与人交往时会注重自己的外在形象，严格遵守自己的生活习惯，不会轻易改变。这种类型的人通常对爱情比较忠贞。

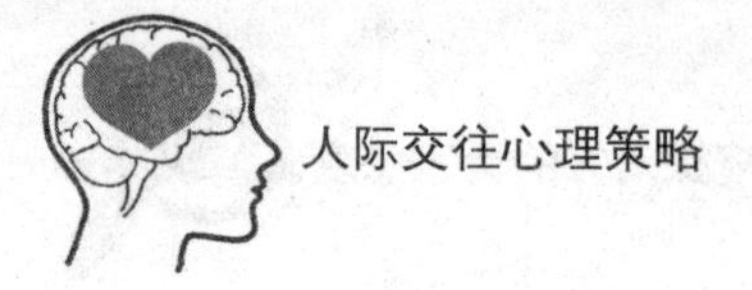

4.喜欢喝啤酒的人

有这种喜好的人，通常性格温和，善于交际，能够与他人相谈甚欢，容易获得别人的好感。绝大多数人心地善良，且喜欢替别人着想，因此，这种人具有服务精神，同时也喜欢取悦他人。那些喜欢把几种啤酒掺在一起喝的人，则容易被新奇的事物所吸引，意志力不太坚定，他们通常性格多变，无法很好地控制自己的行为。喜欢在啤酒中加入冰块的人，从某种角度上讲，这种人想象力比较丰富，头脑聪明，待人也很随和，但是这类人在遇到问题时会选择逃避。

5.喜欢喝白酒的人

生活中有这种喜好的人，往往性格直爽率真，与人交往时，他们能够坦诚相待，甚至会把自己的真实情况和盘托出。这类人善于结交朋友，因此，人际关系良好，但是率直的他们容易被一些人所利用。

6.钟情于红葡萄酒的人

喜欢这种酒的人往往性格稳重，遇到事情的时候能够沉着应对。生活中这种人能够脚踏实地，无论是待人还是处世都会格外谨慎。但他们把金钱看得比较重，因此会让人觉得小气，与人交往时经常会因为钱财的关系而伤了双方的和气。

7.钟爱白葡萄酒的人

喜欢喝白葡萄酒的人往往较感性，做起事来喜欢感情用事。这种人通常想象力丰富，喜欢一切美好的东西，有时候会显得有点不切合实际。他们可以成为值得信赖的合作伙伴，但因为对他人没有防备之心，所以容易被他人所利用。

8.偏爱鸡尾酒的人

喜欢这种酒的人，往往才华出众，举止优雅得体。与人交往中，他们总秉承宁缺毋滥的原则。因此他们不会去刻意讨好某一个人，但也不会无故得罪他人。喜欢这种酒的人多属于喜欢玩乐的新新人类，注重的是喝酒的那种氛围。

9.喜欢香槟酒的人

有这种偏爱的人，骨子里有追求奢华、高贵的倾向，他们往往性格比较挑剔，总想通过结识优秀的朋友来改变目前的状况，目的性很明确，因此，很多朋友会感觉到他的目的，进而远离他，因此这类人的人际关系可能不太理想。

与人交往中，如果能够捕捉到关于饮品这方面的信息，熟练掌握以上这些东西，你也可以很快了解他人的性格。

从收藏发现一个人的生活追求

每个人都有自己所喜爱的收藏，一件件的收藏品凝聚着人们的回忆。有的人喜欢收藏邮票，有的人喜欢收藏钱币，有的人喜欢收藏字画，有的人喜欢收藏古玩，有的人喜欢收藏书籍，有的人喜欢收藏限量版的汽车、红木家具，还有的人喜欢收藏名牌的服装、包包……不同性格的人会选择不同类型的收藏品，看似平常，但在这形形色色的收藏品背后，折射出的是一个人的内在个性与心理。因此，人际交往中，如果能够从这些收藏品入手，你也能够了解他人。

透过一个人的收藏品分析他的性格特征，具体分析如下：

1.喜欢收集象征荣誉的物品的人

这种类型的人内心深处向往那些曾经辉煌耀眼的时光，在他们看

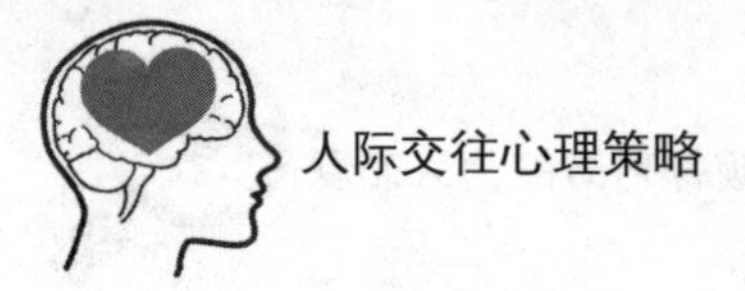

来，目前的境况不太理想。这种类型的人往往内心孤僻、自命不凡，也许曾经作出过什么杰出的贡献，他们很容易沉浸在往昔的荣誉和鲜花中。他们会对现在生活的环境产生抱怨，多数会居功自傲。与人交往时，他们也总会提起自己当年的伟绩，有时候可能会让周围的人感到不屑，绝大多数情况下，很少与陌生人交流，在他们的眼中，那些新鲜刺激的东西实在有违道德伦理。

2.喜欢收集书籍、杂志和报纸的人

这种类型的人往往都很有学识，有文化底蕴，有很强的上进心，且喜欢在家里享受看书的乐趣。他们往往自命清高，把这些当作自己的宝贝，虽然这些书刊有些已经没有价值，但他们仍然视如珍宝。这类人通常把名利看得很轻，有的太过自以为是，心理上无法接受任何人的意见和建议，生活中这种人总会显得过于迂腐。

3.喜欢收集照片、明信片的人

这种类型的人往往喜欢沉浸在过去的欢乐回忆中。他们往往表现欲很强烈，总想通过这些直观的东西让别人更多地了解自己。有时候他们会把自己的人生当成一场戏，时常回首过去的美好。但这类人能够正视眼前的现实，不会一味沉浸于过去，因为他们明白明天的一切会更美好，也将留下更美好的回忆。通常情况下，他们对于新鲜事物的接受能力较强，也善于调节自己的情绪，面对生活中不顺心的事情，他们会努力开导自己。

4.喜欢收集（旧）衣服饰物的人

有这种嗜好的人绝大多数内心深处有很浓的怀旧情结，且一度坚持自己的想法不肯放弃。有时候他们满怀信心，甚至有些倔强，非常坚信自己的收藏品会再度流行起来。

5.喜欢收集艺术品、古董的人

这种类型的人通常身份地位都比较高，有争强好胜的心理。多数情况下，他们都会通过各自之间的收藏来评判对方的收藏眼光，从某种程度而言，这种类型的人有点爱慕虚荣，总会通过炫耀自己的宝贝来获得心理上的满足，有一定的自我表现欲。

6.喜欢收集旅游纪念品的人

喜欢这种收藏的人，通常很重视自己的经历，会时常回忆起以前的经历。这种类型的人往往富有冒险精神，喜欢新鲜刺激的活动，并具有探幽索隐的勇气。为了达到自己的目的，他们还会表现出执着的精神，面对旅途中严峻的考验，他们也不会动摇自己的决心。与人交往时，他们往往真诚坦率，不足之处就是缺乏思考和计划性，因此有时结果会很糟糕。

7.喜欢收藏玩具的人

这种类型的人往往性格活泼好动，爱玩。生活中容易满足，追求宁静安逸的生活。他们会留恋童年的美好时光，且极力保存那些美好的、值得自豪的记忆。他们内心追求的是快乐，生活中会表现出积极乐观的一面，即使遇到什么难题他们也会乐观面对。

8.喜欢收集旧票据的人

这种类型的人往往办事认真，条理清晰，做事讲究原则，但有时候他们会把精力和时间过多花费在毫无意义的过程当中。这种类型的人往往过多地担心一些根本不可能发生的事情。有时候他们也会一时兴起想要寻找刺激，但是往往会无疾而终。工作中这类人通常有很强的组织和领导能力。

关于收藏的种类还有很多，如收藏邮票、情书、电话本、信封等。

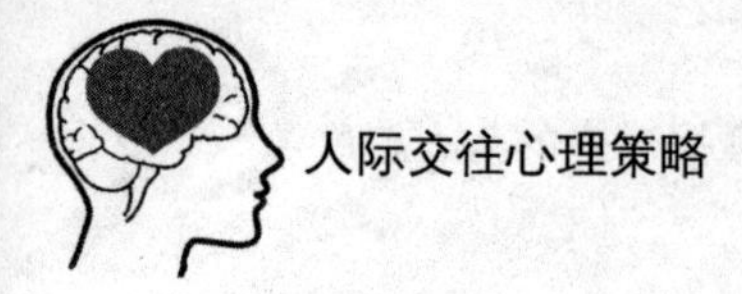

不同的收藏背后折射出人的不同个性与心理。社交场上，如果能够掌握这些知识，你也可以轻松识人。

第7章

服饰，嗅出装扮里的品位

时代在发展，科学在进步，识人之术自然也与时俱进。了解一个人不仅要听其言，更要观其行。服饰可以含蓄、间接地传达出许多信息。一个人的穿着表露出他的情感，体现他的身份与品位。在这不同的穿着习惯背后，体现的是一个个性格迥异的个体。只要学会了通过穿着识人，也可以准确把握对方的个性与心理。

衣如其人，着装风格的学问

“服装表现个性，个性体现服装”的观念，已经被人们所接受。从一个人的衣着打扮中，可以洞察他的心理特征。因此，人际交往中，如果我们能够透过穿着风格把握他人的心理特征，可以使社交活动更顺利。服装风格与人的个性特征的关系具体分析如下：

1.喜欢穿流行时装的人：体制顺应型，缺乏自主意识

这类人通常缺乏自主意识，总喜欢把自己埋没于大多数人中，并且乐在其中，以此掩饰自身的脆弱，同时不甘寂寞，性情多变。他们多数人喜欢跟随时尚的步伐，没有什么审美理念，容易失去自我。

2.穿着朴素的人：亦是体制顺应型，但具有坚韧的品质

爱穿朴素服装的人，往往不在意自己的服饰变化。这种类型的人同样缺乏自主意识，他们总想一切稳定，只要一帆风顺就好。那些喜欢注重局部细节的人，则会有一点个人主张。这类人往往对自己的容貌有稍许的自卑感，因而会采用一些“小道具”来遮掩自身的缺点。例如，爱穿短裙的女性，往往其貌不扬；爱穿粗条竖条套装的男性，往往性格懦弱，缺乏足够的自信。

3.穿着不修边幅的人：独立行动型，精力充沛

在穿着上不修边幅的人，往往喜欢自由自在、毫无拘束的生活。这

类人通常精力旺盛且生活上大都不拘小节。由于受到周围各方面条件的限制，他们不喜欢被别人领导的感觉或受约束的感觉，因此，多数人会选择自由闯荡的生活。

4.喜欢穿着“舶来品”的人：有强烈的自卑感，喜欢奉承人

喜欢穿着“舶来品”的人，通常具有强烈的品牌意识。他们中绝大多数都有强烈的自卑感，对自己缺乏自信心，试图通过外在形象的改变来提高自己的地位。这类人大多数都很冷酷无情，对生意上的事情则比较敏感，且做事往往拈轻怕重。

5.喜欢穿着背后或两边开叉上衣的人：具有领导气质，自我表现欲强

在社交场上，你经常会碰到一些西装革履的绅士。他们往往穿着考究的西装，戴着名贵的手表，开着名车，给人一种来头不小的感觉。这类人的外在形象就可以给人一种领导的威严，无论走到哪里都给人一种不容侵犯的感觉。通常情况下，这类人极具伪装性，威严的外表下所表现出的真实面目会让人失望。他们性格中带有神经质，与人交往时疑心较重，还带有强烈的占有欲，因此在事业上没有很好的朋友。

6.穿着马虎的人：工作热情高，但是缺乏计划性

社交场上，有些人身上穿着名牌西装，腰上却系着一根很普通的腰带。这种随意穿着的人，往往做事积极，对工作抱有热忱之心，并且一旦作出决定就会坚持到底，有始有终。但是他们做事前往往缺乏周全考虑，没有什么计划性，全凭自己一时的兴起。这类人的缺点是不能接受别人的意见或建议。他们虽然行动积极，而一旦取得成就就会摆出高姿态，但一旦失手又会畏缩不前，因此，社交场上，与这种人接触时要保持适当的距离。

7.喜欢穿新奇服装，强调与众不同的人：自我表现欲强烈，但缺乏

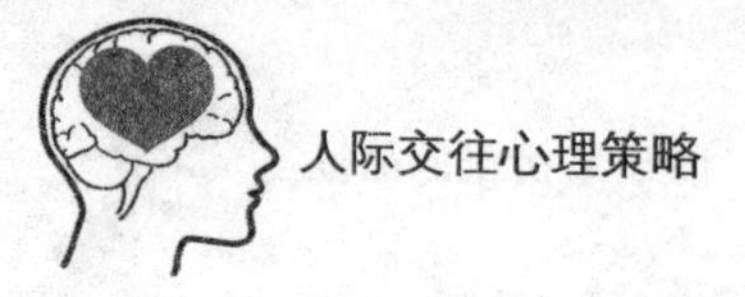

想象力

在服装上追求奇装异服的人，试图通过新奇的服装体现出强烈的优越感。这类人做事通常喜欢标新立异，表现欲很强。他们敢于接受新鲜事物，且富有挑战精神。人际交往中，这类人容易引人注目，但由于缺乏大胆的想象和创意，无法让人保持长久的兴趣。

8.喜欢穿黑西装的人：个性温和，爱憎分明

喜欢穿这种服装的人，容易给人一种很难接近的感觉，在待人方面，他们的态度不够真诚。但长时间地接触后会发现，这种人通常具有浪漫的气质，且多数人性格温柔善良，忠厚老实，人际交往中更能够得到他人的信任，是不错的朋友选择。

不同性格的人会有不同的穿衣风格，在人际交往中，如果能够熟练地掌握这些知识，相信你也能够准确识人，成为社交场上的高手。

衣服是思想的形象

著名作家郭沫若曾经这样说过：“衣服是文化的表征，衣服是思想的形象。”也就是说，不同性格的人偏爱不同的衣服，实际上也是借助衣服向外界表达真实的自己。中国社会科学院心理研究所研究员王极盛也强调：“影响和反映一个人性格和心理的因素有很多，服装确实能反映人的某些心理特质，这可以作为我们认识一个人的参考。”从一定程度上讲，一个人对于服装的选择和其深邃的心理存在着某种密切的联系。由此可见，人际交往中，如果想要了解一个人的性格与品位，可以从服装入手。

随着社会的进步与发展，很多人渐渐乐于张扬个性，毫不掩饰地表现自己对于某种类型衣服的偏爱。不同人的着装偏爱也不同。正是这些形色各异的服装，为我们更加准确地把握别人的性格特征提供了依据。因此，想要从服装洞悉他人的内心，可以从三个方面入手。

第一，从服装色系的选择上看人的性格。

一个人喜好的颜色能直截了当地显示一个人的性格特征。喜欢鲜艳色彩的，一般都或开朗、健康，或热烈奔放，以自我为中心；喜欢深色衣服的人，性格比较稳重，显得城府很深，不太爱说话，凡事都深谋远虑。具体分析如下：

（1）喜欢白色服装的人，往往高贵、纯洁，潜意识里有些冷漠，给人以距离感。

（2）喜欢穿红色服装的人，性格中通常有冒险精神，充满热情，积极主动。他们喜欢追求流行时尚的元素，但其变幻无常的性情常常令人捉摸不透。

（3）喜欢绿色的人，往往性格内向，但具有坚持不懈的精神。无论工作还是学习中，他们都会脚踏实地，行动慎重并很努力，但害怕冒险和超前，在感情方面羞于主动。

（4）喜欢紫色的人，性格比较浪漫。

（5）喜欢蓝色的人诚恳真挚，富有幻想。

第二，透过对服装款式繁简的选择看人的性格。

（1）选择式样繁杂的人，多是虚荣心比较强，喜欢表现自己且乐于炫耀自己的人，这类人通常有点任性。

（2）喜欢跟着流行选择服装款式的人，往往做事没有主见，他们多数情绪不稳定，做事不能坚持自己的意见，容易受到外界的干扰。

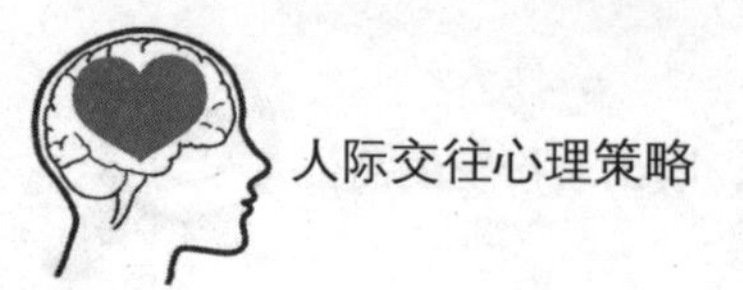

（3）喜欢穿同一款式的人，性格坦诚直率，爱憎分明。这类人做事果断，有自信心，有时会显得清高自傲，所以容易自以为是。

（4）穿着暴露的人，思想开放，凡事喜欢标新立异，敢于打破陈规。他们可能十分随和，热衷于享受生活，常常以自我观念来判断周围一切。

（5）穿着保守的人，往往思想比较守旧，注重自己在他人心中的形象。为人处世都按规矩行事，不敢接受新的事物，更不擅长冒险，因此他们可能没有大的成就。同时这类人会有较强的名利心，有很高的人生目标，但适应能力很强，无论是处于何种环境下，都能够与周围的人建立良好的人际关系。

（6）穿着简单朴素的人，性格比较稳重，待人诚恳热情，做事比较踏实认真，在考虑问题的时候也能够做到周全。如果服装过于朴素，则表明缺乏自信，性格比较软弱。

第三，透过服装色彩的鲜亮度看人的内心。

（1）穿着打扮以素雅、简洁为原则的人，通常性格朴实、大方，思想单纯，又具备宽容和忍耐。这类人往往很随和，做事脚踏实地，能够得到别人的信任。同时，这类人有很好的洞察力，能够把握事情的实质，提出独特的见解。

（2）喜欢色彩艳丽的服装的人，他们生性活泼，开朗大方，性格坦诚豁达，有积极乐观的心态。同时，他们具有较强的自我表现欲，因此，在人际交往中，他们总会不时创造出一些小的惊喜，以吸引他人的目光。

又如，注重服装色彩并喜欢复杂衣饰的人，往往比较讲究实际，有自信心，但喜欢支配他人，感情易冲动，易陷入不安当中；喜欢浅色服装和简单衣饰的人，性格常常比较内向，生活朴实、温和淑静，但容易缺乏自信，依赖心理较重，不善于独立行动等。

服装是人的第二皮肤，一个人的着装在一定程度上可以折射出他的内心。因此，在把握他人的性格时，可以把服装作为一项参考，但还需要同其他方面结合起来，才能作出更准确的判断。

一件内衣暴露她的性格

服装可以体现人的个性，这里的服装，不单单是指表现在外面的衣服，也包括了贴身的内衣。女人的内衣可谓是色彩斑斓，从内衣的喜好上，也可以看出女人的性格特征。如果说一个女人的外在着装所反映的是她想成为一个什么样的人，那么内衣则表达的是她是一个什么样的人。通过内衣来反映女人的性格，主要体现在内衣材质和颜色的选择上。

1.偏爱棉质内衣

钟情于这类内衣的女人，通常骨子里比较传统。她们不喜欢受到外人的过分关注，性格偏内向。这类女人往往具有年轻的心态，虽然有女人味，但还是会保留一些顽皮的天性。性格比较保守。她们会真诚地与异性交往，对待另一半很体贴，在两性的关系上，她们会持一种保守的态度。

2.偏爱蕾丝内衣

喜欢蕾丝内衣的女人，通常比较注重生活的品质。这类人性格坦率，说话直接，能够让别人清楚了解她的喜好。多数人拥有强烈的自信

心和自尊心，同时她们也希望自己能够成为被关注的焦点。恋爱中，这类人总是热情洋溢，勇往直前。在两性关系中，她们往往会表现出极大的热情，有时她们会极度地迷恋爱与被爱的感觉。

3.偏爱光滑的丝绸布料内衣

选择这种款式的内衣的女人，往往多半是浪漫主义者，她们有着较好的直觉，对他人容易忽略的事情会表现出自己的关注之情。这类女人在爱情方面往往过于强调个性与情调。恋爱中，她们会去精心创造那种浪漫温馨的局面。在两性关系上，她们总是会去追求那种温柔、唯美的逐渐深入方式，一旦不能合乎自己的要求或没有达到理想状态，她们就可能作出激烈的反应。

4.喜欢黑色内衣

黑衣的内衣代表的是性感与诱惑，选择这种颜色内衣的女人，在两性关系上会比较积极主动，属于个性十足的享乐主义者。通常情况下，这类女人往往能够与另一半保持良好的亲密关系。

5.喜欢白色内衣

白色代表纯洁，喜欢这种颜色内衣的女人性格比较内向，思想比较保守，在情感的表达上较为内敛，一般羞于出口，总是把自己最原始的感情隐藏起来，尤其是在两性关系上，她们往往把品德视为最重要的事。

6.偏爱粉红色内衣

如果女人选择这种颜色的内衣，则表明她是自然主义者，她的内心深处反对穿内衣。如果条件允许，她会选择根本不穿内衣，面对着周围被破坏的生存环境，她们可能表现出与常人不同的心情。

7.钟情卡通内衣

喜爱这种内衣的女人，拥有一颗赤子之心。可能她的年龄已经不小了，但她还是喜欢表现出自己可爱顽皮的模样。这类女人内心深处往往依赖性很强，在她们的心目中，可能需要一个能够时时保护她、爱护她的人，这个人就像父亲一样陪伴她一起长大。

8.喜欢搭配式内衣

生活中，也会有些女人把内衣内裤还有裤袜当作一整套服装穿着。虽然内衣的穿着外人看不到，但她还是觉得在穿着内衣的时候应该保持一种平衡感。拥有这种习惯的女人，往往做事严谨，条理清晰，对待任何事情都抱着严谨的态度。

内衣的选择是女人性格的体现，也是女人生活态度的反映，尤其是在两性关系上。因此，透过女人对内衣的选择，我们也可以了解女人的内在心理。

小小帽子透露真实心理

人际交往中，不仅可以从一个人的着装上了解他的个性特征，还可以从帽子上看出点端倪。对于现代人来说，帽子已经不仅仅是抵御寒冷的工具，它还是人们外在形象的装饰品。选择什么样的帽子，实则可以体现一个人的心理。因此我们说，帽子既可以帮助人树立某种形象，又可以展现一个人的个性特征。关于帽子体现的人物个性，具体分析如下：

1.爱戴旅游帽的人

旅游帽本身并不能抵挡寒冷，更不能阻碍太阳光的照射，因而，选择这种帽子的人纯粹只是想通过帽子来装扮自己。这类人通常想通过

外在变化来改变自己的形象或掩饰自己不理想的地方。因此，这类人的虚荣心比较强，总试图掩盖自己的本来面目，也可以说有些虚伪。这类人往往头脑聪明，这也使得他们有些自以为是，总以为自己的做法很高明，岂不知别人心知肚明。因此，他们很难交到真正的朋友，某些时候，他们会意识到自己的问题，但是本性所致，无力改变。在事业上，这类人因善于投机取巧，有时也会取得一点成就。

2.爱戴鸭舌帽的人

正常情况下，选择这类帽子的人，往往年纪稍大一些，显得稳重诚实，忠厚老实。如果年轻人选择这类帽子，则表明这人内心里把自己看成一个稳重、干起事来脚踏实地的人。在面对问题时，他们能够从大局考虑，不会因为外在的小问题影响最终结果。因此，这类人内心觉得自己老练，与人交往时，说话做事喜欢绕圈子，以显示自己成熟老练的一面。虽然自以为老练，但是这类人通常会把钱看得很重，他们明白只有劳动才能换来收成，因此，对于自己劳动成果，他们也会格外珍惜。

3.喜欢礼帽的人

选择这类帽子的人，通常内心总认为自己具有绅士风度，总试图给人一种沉稳、成熟的感觉。这类人喜欢把自己和一些高雅的文化联系起来，对那些时尚流行的东西会持一种反对的态度。无论在哪种场所，他们都会注重自己的外在形象，经常以西装、领带、皮鞋示人。有这种嗜好的人，往往思想保守，且缺乏冒险精神，做事追求稳定。因此，这类人往往成就不了什么大的事业，反而会因为理想与现实的差距而感到生活不顺心。人际交往中，由于自己的保守与呆板，他们无法和他人建立更深层次的关系，也很难与周围人建立良好的关系。

4.喜欢选择色彩艳丽帽子的人

这种人天生喜欢鲜艳的色彩，且能够根据不同的场合选择适合自己的颜色，可见他们天生是个懂得搭配的人。他们精力旺盛，生活中，这种人勇于追逐潮流，对一切新鲜的事物都会感到好奇。同时他们又害怕寂寞，因此会时常召集朋友在一起玩耍。对于事业而言，如能引起他们的兴趣，他们则可能会付出最大的热情，并可能取得一定的成就。

人际交往中，不仅可以通过帽子的形状和颜色来判断人的性格，从戴帽子的方式上，也可以了解一个人的性格特征。

例如，喜欢将帽子边沿往上或往后、把额头露出来的人，往往性格比较轻浮、高傲，通常很容易自我满足，这类人做起事情来也没有恒心，往往很难有大的成就；喜欢将帽子用力向前拉，把眉毛和眼睫毛都遮住的人，多数性格孤僻，脾气也比较特别，很难与他人融洽相处；而那些把帽子戴得端端正正、四平八稳的人，往往性格直率，且富有同情心和责任心；那些把帽子戴好后再向左或右拉的人，往往性格比较活泼，整天无忧无虑，是典型的乐天派，这类人通常都很幽默。

总之，如果能够把这些知识运用到人际交往中，你就可以轻松地从对方戴帽子的习惯中了解他的个性与性情，读懂他的内心活动。

职业着装的语言符号

随着社会的进步与发展，服饰已经演变成一种非语言符号。正如曾任美国总统礼仪顾问的威廉·索尔所说：“当你走进某个房间，即使房间里的人并不认识你，他们也可以从你的服饰外表作出以下十个方面的

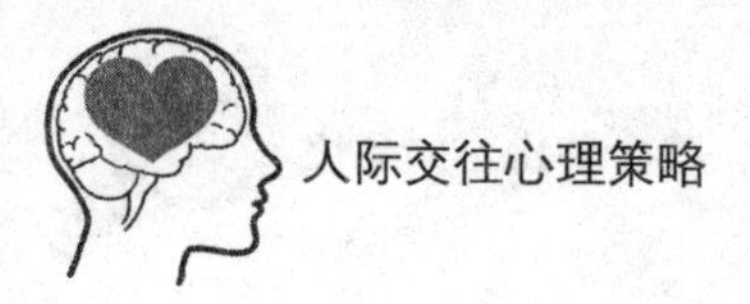

推断：经济状况、受教育程度、可信任程度、社会地位、成熟度、家族经济状况、家族社会地位、家庭教养背景、品行以及是否成功人士。”大众传播学的奠基人威尔伯·施拉姆在其著作中有过这样的阐述：“美国心理语言学先驱、社会心理学家罗杰·布朗这样形容‘哈佛广场的人’，如果一个年轻人留着胡子或者背着绿色书包，那他就是哈佛大学的；如果他穿着短夹克，那他就是城里人；如果是穿深色时髦长筒袜的姑娘，那就是拉德克利夫学院的。”

由此可见，着装在一定程度不仅可以反映一个人的个性与品位，也可以体现出一个人所从事的行业。当然这里所讲的着装不能简单地等同于穿衣，它是着装的人根据自身的阅历修养、审美情趣和身材等特点，在不同的时间、场合、目的下精心的选择、搭配。因此，人际交往中，我们可以根据对方的着装判断对方所从事行业及职务。

1.从着装款式上识人

比如，穿着军装的人，他们的身份一般都是军人；穿着公安制服的人，多数是安全保卫人员；而穿着宽松大褂，戴帽子和口罩的人多为医护人员；穿着统一制服，上身小西装或夹克衫，下身裙装或裤装的多为服务人员；穿着西装、打领带的多为上班族。这些在日常生活中我们经常见到，也可以轻易辨别出来。

2.从服装的颜色上判断职业

通过服装的款式，可以大体分清一个人所从事的行业。人际交往中，想要判断出对方具体从事的工作还得把服装的颜色考虑进来。

着装颜色深的人一般从事比较严肃的职业。如公务员、律师、银行职员等，他们都会选择颜色较深的服装，如藏蓝色、黑色、咖啡色，以与周围的环境相适应。比如，银行职员一般都穿着蓝色、深蓝色西装；

穿蓝色警服的是警察；穿粉红色大褂、戴着口罩与医院帽子的是护士，而白色的是医生。

着装鲜艳的人一般从事比较时尚的职业，如从事媒体、广告、IT、培训师等职业的人，衣着偏向浅色、活泼色，如浅绿、天蓝、黄色等，搭配方面则可把套装拆开来进行搭配，女性甚至可选择类似五分或者七分裤来进行搭配。

上班族穿着的西装颜色，灰色占了绝大多数。这些选择灰色系西装的人，往往是白领阶层中最平凡、最基层的一群人，同时也是最容易融入团体的一群人。他们所从事的工作多半以事务性、一般性的工作为主。

由此可见，人际交往中，如果能够利用好这点，通过服装来判断对方的职业，你一样可以轻松掌握交际的主动权，使社交活动顺利进行。

从他佩戴的眼镜看其性格

人际交往中，一个人的穿衣戴帽可以反映人物的内心活动，就连选择什么样的眼镜也可以折射出他的真实性情。因此，人际交往中，如果你也想要通过眼镜了解一个人，不妨一起来看看。

1.眼镜形状大而奇怪的人

这种人往往有独特的个性，自视清高，不会把周围的人放在眼里，他们通常喜欢那种受万人瞩目的感觉。这种人往往充满自信，尤其在爱情方面，只要是自己喜欢的，便会不顾一切地主动追求。事业方面同样如此，只要是他们认准的东西，便会坚持到底，因此，这类人在事业上会有所成就。

2.喜欢较大的圆形眼镜的人

这类人通常内心比较纯洁，也很爱撒娇，大多数人的感情比较丰富。在爱情方面，多数情况下他们会非常关注自己的另一半。有这种喜好的人，往往内心充满稚气，常常会幻想爱情的美好，因此，更容易深陷其中，但是对另一半管束得很严。他们会把感情看得太重，过多花费自己的精力，以至疏于事业的发展。

3.喜欢选择不大不小、大众化眼镜的人

这类人往往性格偏内向，思想比较保守，对于新潮的东西不会轻易尝试。这种人通常缺乏冒险精神，对于那些新鲜的事物总抱着观望的态度。在爱情面前，他们往往会很胆小，可能会错失良机。这类人因为害怕风险，也不善于表达自己，总是被人群埋没，工作上也总是追求低调行事，所以不可能有太大作为。

4.追求独特造型的人

这种人往往头脑聪明，个性也很独特，甚至有些自负。与人交往时，他们会显得有点固执、倔强，但有时会给人古灵精怪的感觉。

5.选择黑色镜框的人

黑色是一种否定和决断的颜色，能够给人带来一种威严。因此，喜欢黑色镜框的人，无论做什么事情都会认真细致，多数人喜欢追求完美主义。这类人个性执着，只要是自己认准了的事情，总会坚持到底，正是这种坚忍不拔的精神，让他们在事业上有所收获。

6.喜欢咖啡色镜框的人

咖啡色代表着稳定和中立，因此，选择这种颜色镜框的人，通常性情比较沉稳，同时又充满活力，感情丰富。人际交往中，这类人往往能给人带来真诚实在的感觉，因而能够赢得他人的信任，受到大众的欢迎，与周围的人建立良好的人际关系，在事业上也会有所作为。

7.喜欢紫色镜框的人

紫色代表权威、声望，喜欢这种颜色的人通常渴望知识，热爱读书，有一种拼搏精神。他们为了能够实现自己的理想，会同外在的条件作斗争。这类人坚信，经过自己的努力，一切都会比现在更美好。

8.手指从鼻梁处向上推眼镜的人

这类人通常性格比较内敛、细腻，人际交往中属于“慢热型”。这类人往往不会主动提出自己的要求，与人交流时，他们通常扮演倾听者的角色。在这个群体中，这类人通常会形成两个极端，要么人缘很好，要么不合群，这要看周围人的态度。如果他人能够主动与之沟通，则会与之成为很好的朋友；反之，这类人往往会把自己封闭在自己的世界里。

9.用手扶眼镜框的人

手扶眼镜框来调整眼镜位置的人，通常较自信，他们对问题的掌握也更全面，善于抓住机会，这类人往往是某个领域的行家。这类人往往具有领导风范，事业上一定会有大的作为。

10.用手扶眼镜腿的人

这个群体中的大多数人，性格比较稳重，遇事头脑冷静，考虑问题周密，他们都有自己的想法和自成一套的行动步骤。因此，这类人在事业上能够取得成就。但也有一小部分人性格比较急躁，做事缺乏耐心，无论做什么事情都不能够静下心冷静处理，不太容易获得成功。

人际交往中，只要熟练掌握了这些知识，且能够运用到人际交往中去，相信你也可以透过眼镜轻松看出一个人的性情，了解他内心的真实情况。

第8章

沟通策略，让对方畅所欲言

每个人都希望自己是受欢迎的人，每个人都希望在人前表现得落落大方、聪明可爱，也有很多人千方百计地包装自己。然而，无论用何种手段，如果一些细节没有注意到，就很容易功亏一篑，仔细揣摩一下让自己受欢迎的心理策略，相信会对你的人际关系有很大的帮助。`

让话题围绕对方展开

人际交往过程中，每个人都想得到别人的信任和欣赏，这种信任和欣赏必须是建立在沟通和交流之上的，也就是说必须要寻找到别人感兴趣的话题，话题聊得投机是获得别人好感最好的捷径。谈论的话题可以范围很广，最应该注意的一点就是不要始终围绕自己。谈话要想较快切入主题，主要看谈话对方的情况，话题要多围绕对方展开。

Ula在一家公司当经理的秘书，平时工作能力很强，经理对她的能力很赞赏，可她在公司的人缘并不是很好，同事都不喜欢和她交流。原来，她总是喜欢说自己的事情，大家听多了也都觉得很厌烦，平时除了工作上的交流之外，大家很少和她交流其他的事情。

前几天，公司新调来了一位女经理，女经理把Ula叫到办公室，想从Ula这里了解一些下属的工作情况，可是Ula都是在说自己的工作情况和取得的业绩。女经理让她谈谈其他员工的工作情况，她对女经理说："其他人的情况我不是很清楚，每次都是他们听我说我自己的工作情况，他们的情况我也没有问过。"女经理说："作为经理秘书，你要比经理更加了解员工的工作情况，这是你必须完成的最基本的工作。你总是把话题围绕在自己身上，会让别人对你反感，大家也就不愿意和你交流他们自己的事情。别人都不喜欢和你交流，那你的工作要如何更好完成下去？在以

后的工作里要注意，不要老是谈论自己，要多听听别人的故事，这样才有利于你开展工作，也能让你在公司赢得好人缘。”Ula点了点头。

Ula的工作能力很强，但在同事之中没有好人缘，别人都不喜欢和她交流，女经理的话直接点出了Ula的错误，并告诫她，在与别人交谈的过程中，如果总是围绕自己展开话题，不利于完成工作也不会赢得好人缘。想要给别人留下好印象，就要改变自己的谈话策略。

在交际中想要找到别人感兴趣的话题，需要主动了解对方，围绕对方展开彼此之间的话题。心理学家总结出下面这几种策略，只要你明白并学会以下几种方法，避免话题始终围绕自己，你便可以轻松找到和别人交谈的话题，让对方对你充满好感。

第一，问候法。问候法往往需要比较主动，问候法中带有请教、问候等内容，你的问候会让对方感到亲切，对方会有问必答，这样便可以直接从他的答话中寻找到他想谈论的话题。这种方法一般适用于对长辈或者上司。

第二，了解法。这种方法与问候法相似，但有所不同，适用于对下级、晚辈，多询问他的生活环境和其他情况，对他的工作和生活都有所了解，从了解的情况中寻找与对方畅谈的话题。

第三，闲聊法。在与朋友相聚的过程中，闲聊人生、社会等大家共同关心的话题，从大家的反应中找到共同感兴趣的话题。

第四，恭维法。这种方法适用于陌生人之间。知道对方从事的职业，便可以从他的专业、机遇、发展前景等话题入手，人人都爱听好话，对方不会拒绝你的恭维，同时也可以使对方自然而然地谈论自己的事情。从这个角度出发，也会很快地和陌生人轻松沟通、熟络起来。

现代人有太多的交际应酬、太多的利益纷争，所以在为人处世中

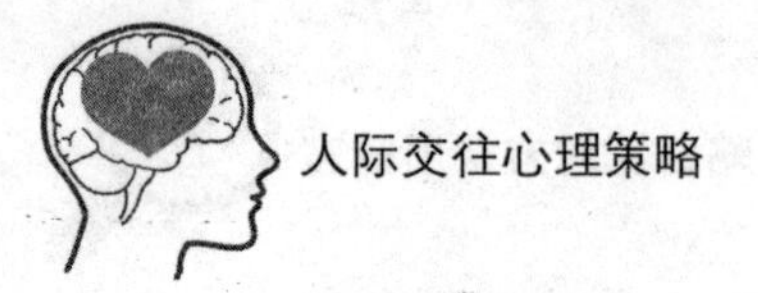

必须要有自己的一套策略，让自己在社会中站稳脚，同时得到别人的赏识。话题不要始终围绕自己便是其中不可缺少的策略之一。给予对方说自己事情的机会，给予对方谈论话题的兴趣，倾听对方的谈论，这样才能让彼此友好地交流，使自己在对方的心里留下好印象。

合适的称呼，让对方倍感亲切

称呼是一个人的代名词，人一辈子都要受到别人的称呼，同时自己也要称呼很多人。生活中很多人都不在乎称呼的意义，其实称呼里有很重要的学问，一个称呼是不是准确、得体，有时可以决定一件事情的成败。是否会称呼别人，直接体现着一个人的修养。如果你想和别人处好关系，给对方留下好印象，那就要学会称呼别人，让对方对你倍感亲切。

小轩在一家高档鞋店当导购。一次，一位女顾客试了一双长靴，并且决定买了。小轩将开好的付款单递给她时，笑盈盈地说："阿姨，你的裙子真好看，在哪里买的？"结果那位女顾客眉毛一挑："谁是你阿姨？"说完转身离开了。在这之前，小轩不厌其烦、面带笑容地为这位女顾客试穿了好几双长靴，眼见就要成功的一单生意却毁在了最后这一个小小的称呼上。

这位女顾客的愤懑诚然有些过火，但的确从一个侧面反映了称呼在人际交往中的重要性。小轩因为最后的一句话称呼不当，损失了这单生意，给自己造成了损失。其实，日常生活中，只要你称呼得好，对方听着顺耳舒服，自然愿意和你多交流；相反，你称呼得不好，对方听着逆耳反感，自然不愿意和你多打交道。现今很多职场一族想当然地以为嘴巴甜就可以和客户、同事搞好关系，其实不然，这里面有很多大智慧。

对现代女性来说，最忌讳的就是被人喊“老”，所以我们每一个人千万不要犯像小轩这样的错误，要学会恰当地称呼对方。

王露是太平洋盈科电脑城的一个小职员，去年刚刚毕业。说起职场称呼，她满脸兴奋：“我应聘时就是因为一句称呼转危为安的。”

去年应聘时，她在考官面前太过紧张，有些发挥失常。就在她从考官眼中看出拒绝的意思而心灰意冷时，一位中年男士走进了办公室和考官耳语了几句。这位男士离开时，她听到人事主管小声说了句“经理慢走”。那位男士离开时从王露身边经过，给了她一个善意鼓励的眼神。王露说自己当时也不知道哪儿来的灵光一闪，忙起身毕恭毕敬地对他说：“经理您好，您慢走！”她看到经理眼中闪出些许的诧异，并笑着对自己点了点头。等她再坐下时，她从人事主管的眼中看到了笑意。

后来她顺利地得到了这份工作。人事主管后来告诉她，本来，根据她那天的表现，是打算刷掉她的。但就是因为她对经理那句礼貌的称呼，让人事部门觉得她对行政客服工作还是能够胜任的，所以对她的印象有所改观，给了她这份工作。

王露对经理的一句礼貌称呼，让她得到了这份来之不易的工作。在正式场合和工作中准确称呼别人，对于我们每一个人来说都是相当重要的。会称呼别人不仅表明一个人有素质、有礼貌、有品位，还是正确与人交流、交际的前提。如果你大呼小叫，无名无姓，“喂喂喂”地称呼人，人家会乐意理你吗？所以，我们在生活中，最好不要直呼其名，也不要轻易对对方过分亲昵地称呼，更不要称呼其绰号，对别人要时刻以尊重为原则。正确而有礼貌地称呼，能够拉近人与人之间的关系，促进彼此间的交流和交往，并给对方留下好印象，让双方倍感亲切。

称呼是一个人身份、地位、能力的象征。学会称呼别人是一个人修

养、情感、智商的综合表现。有些人不知道自己为什么会莫名其妙地断送前程，追究起来可能就是在称呼上栽了跟头，让自己吃了大亏。会称呼别人，才能够给别人留下好印象，让对方对你倍感亲切，同时给自己带来好运气。

倾听是表示友好的一种方式

现今的人际交往中，每个人都想在对方的心里留下好印象，为自己赢得好人缘。心理学家说过，倾听在人际交往中有着重要的作用，用心倾听对方谈话、耐心倾听别人谈话中，包含着对说话者的关怀和同情，可以让对方感觉到你对他的友好，进而在对方心里留下好印象，为自己赢得好人缘。

心理学家详细地阐述了用心倾听对方谈话的重要作用。心理学家分析说："用心倾听对方谈话，就是要接纳对方的思想、感情、价值观。倾听是向对方表示友好的一种方式，也是增进彼此感情的一种润滑剂。若你诚心尊重对方的观点，对他（她）所说的话存着开放的态度，并且愿意接受你们之间的差异，你就能达到善于倾听的境界。"

维维换了一份新的工作，在一家比较大的网络公司做销售。一次，维维去见一个生产白酒的客户。刚到公司，老总正在给员工开会，半个小时之后老总接见了她。老总是个40多岁的中年男士，一开始老总并没有直接和维维谈合同的事，而是一直在谈最近他公司的项目，老总和她说，他年轻的时候从最底层干起，一直坚持不懈地打拼才成就了现在的事业。维维没有打断对方的话，也没有着急地推销自己的产品，而是耐心听对方说自己的事迹和作为。一个小时过去了，客户不停地说着自己

的经历，维维成了一个倾听者。一个小时、两个小时过去了，维维始终不厌其烦、微笑地倾听着客户的话。3个小时过去了，客户把自己所有的经历都说完了，这时客户微笑着对维维说，你们推出的是什么产品？维维这时才介绍了下产品，客户没有多问什么，痛快地在合同上签字了。

和客户熟络之后，维维问客户为什么那么痛快地就在合同上签字了。客户笑着说，因为你是一个很好的倾听者，之前也有推销员来，可当我说不到半个小时的时候，他们就迫不及待地打断我的话，给我不断地推销他们的产品。他们不知道我想要的是什么东西，又打断我的话，所以令我很反感，我都没有和他们签合同。像我现在什么都不缺，唯一缺的就是能耐心听我讲话的人，而你能够坚持听我说3个小时，说明你这个人能够体谅别人，对待事情很有耐心。你给我留下了很好的印象，我信任你，所以也信任你的产品和你的公司，所以就直接签字了。

维维听完客户的话，会意地笑了。

维维并不像其他推销员那样不断地给客户洗脑，总想说服客户，让客户认识并认可他们的产品，以达到让客户购买的目的；相反，维维耐心地倾听，用这一最简单的方法签下了这份合同。其实，这是维维谈客户时运用的另一番巧妙的技巧。对于客户来说，合同是肯定要签的，重点是哪个销售人员能够赢得客户的信赖，客户乐意和哪个销售人员签下这份合同。维维耐心地倾听对方说话，3个小时坚持下来，确实给对方留下了好印象，让对方对她充满好感，最终也让客户签了合同，从中得到了利益。

理想的人际关系是建立在互相交流思想的基础上的。在直抒胸臆之前，先听听对方的话是很重要的。一个人越是有涵养，他在听别人讲话时就越有耐心。倾听对方讲话时眼睛要始终注视对方，从态度上表现出自己对对方的谈话很感兴趣，并不时地点头表示赞同对方。为了证明自己确实在认真地倾听对方的谈话，可以不时地发问，但不要中途打断对方的谈话，不要随便改变对方的话题。做到这几点，就可以建立良好的人际关系，为自己赢得好人缘。

倾听可以给我们带来意想不到的效果，但在倾听的过程中一定要注意以下几点：

第一，在倾听别人谈话的时候，不用太急着去考虑当对方讲完之后自己要怎么回答，不要忙着组织语言。你只要把注意力完全集中在对方的话语上就行。

第二，倾听别人谈话的时候，要学会完全接受对方所说的话，而不去评判话的内容和对方说话的方式。这种接受并不意味着一定要赞同对方的观点，只要表明你确认并理解对方所说的话就可以了。有时对方只是通过你这个载体把内心的感受说出来而已，不需要你的任何意见或建议，这时你就像他（她）的一面镜子。

第三，当你倾听完对方谈话时，要偶尔复述一下对方所说的话，并能够从对方的角度理解，描述他（她）当时倾诉时的感受。这时对方会觉得你真正理解与关心他（她），相信他（她）也会由衷地感谢你的。这也证明你真正地做到了洗耳恭听。

不论是在人际交往还是情感关系当中，良好的倾听都有着很好的疗伤作用。倾听对方谈话能给对方提供被理解、被关心的心理安慰，能传递给倾诉者被“欣赏”与“关注”的良好感受。作为一名倾听者，你不仅有机会了解说话者，还能给说话者提供精神上的帮助，让对方对你留有好印象，让自己更受欢迎。

认同效应，多谈一见如故的话题

我们都有这样的经历：在与初次见面或不熟悉的人相处时，倘若能找到共同的话题，如共同的爱好、共同的经历、共同的熟人或事情等，谈话就变得比较好进行下去，而且当共同的话题恰是双方都很感兴趣或热衷的事情时，甚至会有一见如故的感觉。人们对与自己有“共同意识”的人比较容易产生好感和信任，这是人们普遍的心理偏好。

人们喜欢跟与自己相似的人打交道，是因为彼此的共同点会带来融洽的交谈气氛，更容易让人产生欢快和愉悦感，这就是心理学中的“认同效应”。当有人与我们相似的时候，我们就会产生被认可的感觉，自觉地将对方视为“自己人”，相处起来也更容易。因此，在人际交往中，寻找共同点是打开与对方交往之路的有效方式。

大学毕业生张磊来到一家网络公司面试人事助理一职。其实对于这次面试，张磊缺乏自信，因为这家网络公司有些规模，求职人员间竞争比较激烈，尽管如此，张磊还是决定试一试。

果然，人事经理拿起他的简历，首先告诉他，给这个职位投简历的人很多，张磊的竞争力不强。张磊听了，心里一阵沮丧。

这时，经理有些惊讶地说：“你老家是××省××市的？”

张磊家所属的那个市是个名不见经传的小地方，外地人很少知道这个市，莫非经理也是那个市的？想到这儿，他立马说：“是啊，您知道那里？”

“我也是那里的啊！”经理说。

“是吗？您是哪个区的？”

“××区。”

“我家也是啊，今年年初刚从××区搬过去的。”

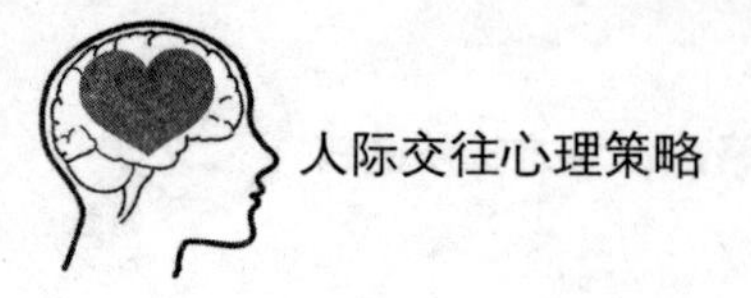

“那里现在开发得很不错，很多人搬过去了……”

“是啊，那里新建了……”

张磊和人事经理的交谈就这样展开了，他们从××区的开发，聊到家乡特产，再到风俗民情等。面试结束的时候，人事经理笑着对张磊说：“我看到你简历里的学校经历，挺不错的，可是现在也不好说，有结果我们会通知你。”

第二周，张磊收到了录用通知。

我们都有这样的体会，“他乡遇故知”“老乡见老乡”这些时刻总是会倍感亲切。对于与自己有共同经历和体验的人，人们总是倾向于将对方划入自己的阵营，因为共同熟悉的事物拉近了双方之间的距离，彼此之间的好感也更多。

共鸣感是人际交往的促进剂，人们总是比较认可与自己相似的人，认可对方，其实这也是潜意识里肯定自己的一种外在表现。可是，如何准确分享共同话题呢？倘若实在找不到怎么办呢？

其实，所谓的共同话题，有时并非真的就是对话双方都十分热衷的话题。一次成功的交谈，并非自己侃侃而谈，而是更多令对方谈兴大起。来看看精于此道的西奥多·罗斯福总统是怎么做的吧。

在奥马哈举行的一次宴会上，民主党人西奥多·罗斯福遇到了很多不认识的共和党人。虽然这些共和党人认识罗斯福，可是彼此间都只是礼节性的应酬，并没有什么实质性的交往。当时，罗斯福刚从非洲回来，准备参加1912年的总统选举，因此他想给这些共和党人留下一个好印象。

可是这些人罗斯福都不熟悉，该怎么办呢？这时他注意到旁边的罗斯瓦特博士，自己不熟悉这些人，可是罗斯瓦特博士应该对他们有所了解。于是，罗斯福悄悄地凑到罗斯瓦特博士的身边，请他给自己简单介绍一下这些人的情况，并特别询问了对方这些人都有什么喜好和该注意的细节问题。

了解这些人的背景和大致情况后，罗斯福开始游走在他们中间。他与不同的人交谈，并在那些细小的事上发问，表现出很大的兴趣和好奇心。对方惊讶于罗斯福竟然对自己的事情知道得这么清楚，还这么感兴趣，于是十分开心，与罗斯福的交谈也变得畅快起来。

显然，宴会结束的时候，罗斯福达到了目的——他获得了对方的好感和支持。

深刻体会到该方法的好处的罗斯福，在成为总统之后依然坚持这一心理策略。对那些前来拜访的人，罗斯福总是会提前熟悉对方的资料，在谈话时将话题放在对方感兴趣的事情上，令每一个拜访者在尽兴而归时都不禁感叹：罗斯福总统是多么无所不知啊！

从上述的例子可以看出，罗斯福就是通过调动起对方在交谈中的热情的方法来达到良好的交际效果的。也许罗斯福本人对那些话题并不怎么热衷，可是他能通过不时的提问和反馈使对话很愉快地进行下去。当一个人表示出对自己关心的话题有兴趣的时候，说话的一方就会有“我们有共同话题”的认识，进而表现出更多的好感和亲近之意。

因此，人际交往中，除了寻找一般意义上的共同点之外，还可以通过在对方感兴趣的话题上进行提问，并及时反馈，从而使其谈兴大起，继续交流下去。

微笑，最好的身份证

心理学家指出，人与人之间的沟通方式中，有55%是通过身体语言

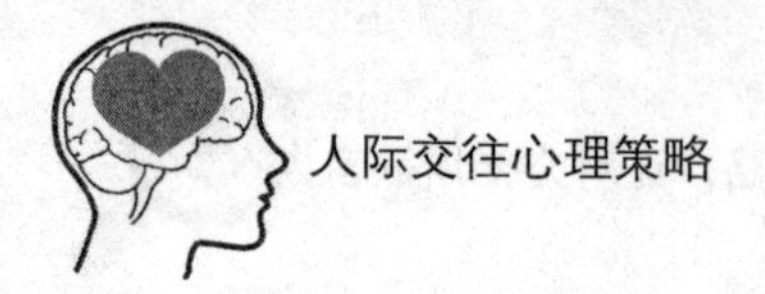

来完成的，而身体语言中的重要一项就是面部表情。面部表情是通过眼部肌肉、颜面肌肉和口部肌肉的变化来表现各种情绪状态的。也就是说，人们通过面部表情在有意或无意间传达着信息，如皱眉表示烦恼或不悦，撇嘴有轻蔑的含义，柔和的目光会给人亲切的感觉等。

现实中想必大家都有这样的体会：当有人对我们微笑时，我们会不自觉地想要回以微笑；假如有人对我们横眉冷对，那我们也很难给对方好脸色。人们的表情有时就像一面镜子，只有给予别人微笑，自己才能收获微笑。因此，在交往中练就人见人爱的微笑表情是十分必要的。

1919年，希尔顿饭店的创始人希尔顿先生在得克萨斯州开设了他的第一家旅馆。当旅馆开始有不错的收益时，希尔顿的母亲却对此反应冷淡。她告诉希尔顿，必须寻找一种简单易行、成本低却行之有效的吸引顾客的方法，只有这样，旅馆才能在长期发展中逐渐壮大。

希尔顿接受了母亲的建议。他跑到各个服务业场所，亲自感受那些能带给顾客真正舒心和满意的服务。很快，希尔顿找到了答案——微笑，他相信只有微笑才是吸引顾客的制胜法宝。

果然，如同希尔顿所料，“微笑服务”给饭店带来前所未有的发展。即便在20世纪30年代美国经济大萧条的时候，希尔顿也以“希尔顿饭店服务员脸上的微笑永远是属于顾客的”来要求员工保持笑容。这不但帮助希尔顿饭店渡过了大萧条中的难关，还使其在大萧条过后迅速崛起，而“微笑服务”也成为希尔顿饭店如今享誉世界的特色之一。

成功学家拿破仑·希尔曾说：“真诚的微笑，其效用如同神奇的按钮，能立即接通他人友善的感情，因为它在告诉对方：我喜欢你，我愿意做你的朋友。同时，它也在说：我认为你也会喜欢我的。”微笑是表达友好和善意的最直接方式，是无声却最有效的介绍信，在人的第一印象中起着重要的作用。试问，谁会对一个愁眉苦脸、郁郁寡欢的人有交往的热情呢?

“微笑效应”指出，微笑是表示亲切、和蔼、友善的最直接方式，它具有引发公众产生愉快的情绪和美好联想的作用。人人都愿意亲近一个对自己表示友好、给自己带来正面情绪的人，而对那些总是愁眉苦脸、郁郁寡欢的人则避之唯恐不及，因为积极的情绪具有很强的感染作用，而负面情绪也是有感染性的。一个总是皱着眉头、撇着嘴角的人，总是给人不悦和不耐烦的样子，这样的人又怎么会让人有交往热情呢?因此，想让他人注意并喜欢自己，微笑是最佳的自我介绍信。

既然这样，那怎样才能有人见人爱的微笑表情呢?

要有令人愉悦的真诚微笑，就要达到整个面部表情的统一。只有这样，微笑才不会显得僵硬、做作、不自然。具体做法如下：

（1）生活中不是缺少微笑的机会，而是缺少发现。比如，连降几天大雨后终于放晴；旅行的朋友寄来当地的卡片；有人为我们停住即将关闭的电梯门等。要保持微笑，并不需要每天经历振奋人心的大事件，关注那些生活中的小事同样能发现快乐的所在。

（2）找到了微笑的理由，就要让周围的人都感受到我们愉悦的情绪。比如，微笑着对为我们服务的出租车司机说声“谢谢”或者“坐您的车很舒服”之类的话，给他的工作添一份好心情；主动对新搬来的邻居报以微笑，让彼此不会冷漠地擦身而过；对即将发言的、紧张的同事给予鼓励的微笑，让对方感受到你的鼓励；即使是在拒绝他人时，礼貌的微笑也会让对方不再那么难以接受。

（3）微笑是可以练习的。练习，对生活中那些不爱笑的人是很有必要的。发现值得微笑的事会带来心理上的愉悦感，可是要发挥“微笑效应”就必须让这种积极的情绪外显出来。因此，拿出你的镜子，想着一件真正令你快乐的事，然后对着镜子里的自己扬起嘴角。在不断的练习中，你会发现，微笑会越来越自然，而源自内心的微笑也会越来越动人。

（4）微笑也要注意场合。微笑虽然可以传达正面的情绪，可是在某些特定场合，你表现得太积极反而会让人心生反感。比如，在别人很郁闷或尴尬的时候，你的微笑会让对方以为你幸灾乐祸或在嘲笑他；而在一些气氛比较严肃和庄重的场合，微笑也会成为搞不清楚状况的不礼貌表现。

（5）练习式的微笑也会带来真快乐。心理学家说，当一个人有微笑表情的时候，哪怕他不是真的开心，也会产生愉悦的情绪反应。不要小看负面情绪的传染力，因为自己的不开心而弄得周围人跟着一起不开心的状况我们见得还少吗？所以，无论是难过还是沮丧，都别让这些负面情绪阻碍了你与他人靠近的步伐，当你最缺少笑容的时候，反而是你应该笑得最多的时候。

雨果说："微笑就是阳光，它能消除人们脸上的冬色。"因此，要拉近人与人之间的距离，消除警戒和隔膜，进而让他人喜欢自己，不妨多多微笑吧。

适时鼓励，激发对方潜能

正如前面所说，每个人都希望被人肯定，都反感被人批评否定。有些时候，别人一句赞美的话，能让我们焕发出无穷的力量，从而竭尽所能地去尽情发挥我们的才能；而一句否定的话语，则如当面泼了一瓢冷水般浇灭了我们心中的热情。我们要相信的一点是，一个人的潜力是无穷的，只要找到开掘潜力的方法，每个人都可以将工作干得更加出色。

而肯定和赞美，对激发他人潜能是一个很好的办法。

也许你的下属的工作状况并不尽如人意，或者他的工作状况不错，但是你对他还有更高的要求，那么，不妨先肯定他，让他有成就感，然后再向他提出更高的要求。如果他是一个不太自信或者敏感的人，那么这种方法不仅是对他的自尊心的一种保护，也是对他的一种期望、一种鼓励，相信他会感激你，并且会更有信心，更加努力。如果他是一个自我感觉良好的人，你的肯定无疑满足了他的自尊心；而你对他的更高的要求，则会被看成是一种鞭策，他的自尊心会驱使他更严格地要求自己，以便取得更高的成就。所以，无论对方是哪种性格的人，先肯定对方，再提出更高的要求，是赢得他人支持的很好的办法。反过来，如果一开始就否定他人，势必会打击到他人的自信心或引发他人的抵抗情绪，以至产生消极的影响。

在1896年的总统竞选中，一位著名的共和党人为麦金利写了一篇竞选演说稿。他自认为比其他人写得都要好，于是非常自信地在麦金利面前大声读起来。这篇演说稿有它的优点，但麦金利总觉得有些不合适，感觉它会在公众面前招来一些非议。麦金利希望他能将稿子修改一下，但是又不希望破坏了两人之间的关系。于是，麦金利说："我的朋友，这的确是一篇精彩的演讲稿。你写得比其他人都好。在一般情况下，它很合适。但在今天这样的特殊场合，你认为是否真的合适呢？也许你认为它很合适，但我们必须从整个共和党的角度出发，来考虑它将会造成什么影响。现在你回去，想想我的提醒，按照我的指示再写一篇送过来。"那位先生想了想，觉得很有道理，就按照麦金利的意思将演讲稿仔细修改了一下。其后，麦金利又修改了一下，并最终敲定。这篇演讲稿在后来的竞选活动中发挥了重大作用，麦金利如愿以偿地竞选成功。

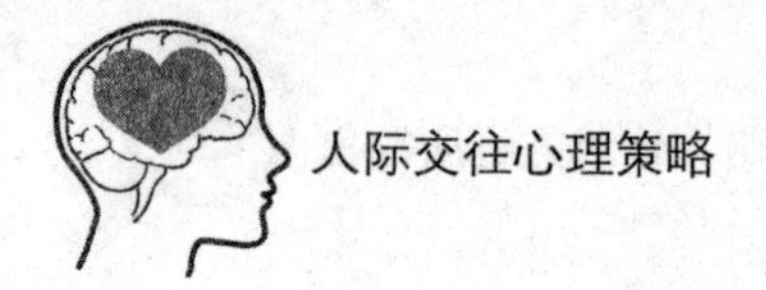

每个人都不希望被人批评、否定，特别是自我感觉良好的人。如果麦金利一开始就言辞犀利地指出稿子的问题，那么这名共和党人的自尊心就会很受打击，并且会对麦金利产生抵触的情绪，更不可能接受麦金利提出的让他修改的意见了。因此，麦金利以肯定、赞美的态度开始，之后再提出修改的意见，这样就会更加委婉，也更容易被对方接受。

小强是个非常好强也非常用功的孩子。一次，他期末考试考了全班第一名，年级第十。他非常高兴，因为这是自己上学以来第一次考了全班第一名。回家后，他把成绩单给爸爸看了，还兴奋地说他这次考了第一名。本以为爸爸会夸奖自己一番，没想到爸爸却严厉地说："考个班级第一你骄傲什么？下次考个年级第一给我看看！"爸爸的话让小强十分失落，一点都开心不起来了，自己这么努力还是得不到爸爸的肯定，他突然觉得挺没意思的。过了一会儿，妈妈回来了，看到小强的成绩单时说："哟！儿子，考得不错啊，最近很用功啊！下次继续努力啊，争取考年级第一名！"小强在心里感觉很安慰，终于高兴起来。此后，有什么事情他更愿意跟妈妈分享，妈妈提的意见也更愿意去听。

孩子的父母都希望孩子能够上进，不断进步；但是，在引导孩子时，肯定法和否定法达到的效果是不太一样的。先肯定，再提出更高的要求，更容易让孩子接受。每个人都希望得到他人的肯定、赞美，孩子这样，其他人也一样。

无论是父母对待孩子，还是领导对待下级，抑或朋友之间，要想取得一个好的效果，还是在先肯定对方的前提下再委婉地提出更高的期盼比较好。

生命没有止境，人生就是在不断的追求中前进。我们在现实生活及工作中也要抱着这样的心态，不断地突破自己，让自己在现有的基础上不断地向前迈进。

第9章

迎合策略，赢得对方的好感

人生于社会、长于社会，每天要同形形色色的人打交道，谁都希望别人能喜欢自己。然而，如果你没有先天吸引人的优势，又该如何让他人喜欢自己呢？下面讲的这些小策略可以帮你更好地完善自己，从各个方面入手，做一个让大家喜欢的人。掌握了这些小技巧，你也可以在人际交往中立于不败之地。

点滴善意，足以打动人心

古人云“投之以木桃，报之以琼瑶”，人们对关心自己、为自己付出的人总会多几分好感和亲切。向他人献“小殷勤”，其实就是在表明你希望能跟对方更靠近的诚意。“小殷勤”积累起来的是人情和交情，“殷勤”虽“小”，有时却足以打动人心。

1980年1月，一位老人出现在美国旧金山一家医院的隔离病房外，他想进去看望一位因痢疾而住院治疗的女士，可是护士告诉他，按规章制度是不允许探望的。老人据理力争，软磨硬泡地跟护士周旋起来，无奈，护士坚守制度，毫不退让。

也许这位护士永远也想不到，这位看似平凡的老人其实是通用公司总裁、有“世界最佳经营家”之称的斯通先生。而他要探望的人，也并非他的家人，而是通用公司加利福尼亚州的推销员哈桑的妻子。

哈桑在听说了这件事后，十分震惊和感动，他决心以努力工作来回报斯通的关心，而其实际行动就是大幅提高了通用公司在加利福尼亚州的销售业绩，并一度在全美名列前茅。

斯通的一次看似平凡的探望，换来了下属公司员工的拼命工作，并最终带来巨大的经济效益，不得不说，斯通的“小殷勤”收获了“高回报”。

所谓“小殷勤”，其实就是一些看似微不足道的事情，也许是在别人干渴难耐时递上一杯水，也许是在对方犯错误时一个好心的提醒，也许是帮对方解决一个小麻烦等。“小殷勤”体现在生活的细节之中，它并非狭隘地只能对一人，其起到的作用是博大而深远的。“小殷勤”有时无须刻意为之，当我们把对他人的关心和帮助融入到为人处世的点滴之中时，善意的付出也许会带来意想不到的效果。

乔治·伯特是纽约曼哈顿著名的渥道夫·爱斯特利亚饭店的第一任经理，而他在任职经理之前还只是一个小旅馆的服务员，是什么促成了乔治·伯特身份的巨大变化呢？这要从几年前的一件事说起。

一个狂风暴雨的夜晚，乔治正在值班，这时一对老夫妇互相搀扶着走了进来，他们浑身湿淋淋的，告诉乔治他们想住店。可是当晚旅馆的房间被一个旅行团包下了，已经没有空余的房间了。

听了乔治的解释，老夫妇问：“那你知道最近的旅馆在哪里吗？”

乔治告诉他们，就算去最近的旅馆也要好几站路，但现在已经很晚了，公车也停了。这时，乔治有了一个主意，他告诉这对老夫妇：“如果你们不介意，可以在我的房间住一晚上，虽然不是什么豪华套房，却很干净，而且我今晚刚好要值班，房间空着也是空着。晚间督察员也不会来，你们可以好好地休息一下，明天继续赶路。”

老夫妇听了乔治的话，虽然不想给乔治添麻烦，可他们实在太累了，于是接受了乔治的好意。然后，乔治把老夫妇领到自己的房间，在为他们拿来浴衣后就离开了。

第二天早上，老夫妇离开前，要付住宿费给乔治，却被拒绝了。乔治坚持自己的房间是免费给他们住的，而且自己昨天是有加班费的，不需要他们再付住宿费。

这时老先生对乔治说：“我想任何一家旅馆都会喜欢你这样的员工

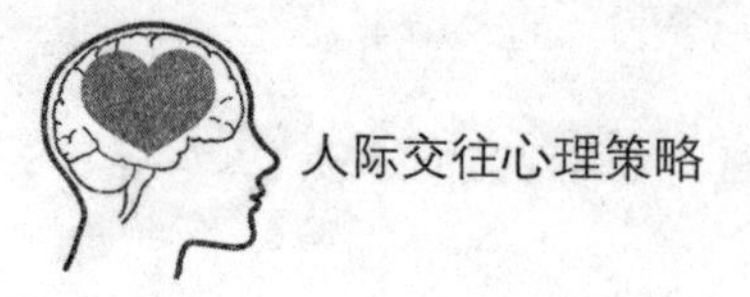

的，或许有一天我会为你盖一家旅馆。”

乔治并没有将老先生的“玩笑”放在心上。

几年后的某一天，依然是这家旅馆服务员的乔治收到一封来自纽约的感谢信，信中提起几年前的那个雨夜。老夫妇在信中邀请乔治去纽约，并附上了往返的机票。

当乔治站在纽约第五大道的一家豪华饭店门前时，等在那里的老先生指着这座建筑对乔治说：“还记得我说要为你建一家饭店吗？就是它。”

面对惊讶得说不出话的乔治，老先生接着说道：“我叫威廉·渥道夫·爱斯特，而你，是我认为最适合经营这家饭店的人。”

也许乔治不曾想过，当年的举手之劳会换来今日的“天上掉馅饼”，但我们不能否认，这一切都是乔治“种善因”的结果。

一个善良、真诚的人，会以不求回报的态度，给予他人帮助和援手。我们生活中所获得的他人的友善回应，其实都来自我们自己。想要他人对你产生信任和好感，首先要让对方感受到我们的善意。圣经上说，“你愿意别人怎样待你，你就要怎样待人”，如果你想要给别人留下个好印象，想要别人对你友善，那么绝对不要因善小而不为，因为小殷勤和小细节中往往有大智慧。

宽以待人，有容乃大

俗话说：“饶人一条路，伤人一堵墙。”人际交往中，我们总会遇到与他人产生矛盾或不快的时候，有时是无心之失，有时甚至是刻意为之。而一个宽容豁达的人，无论对方无心还是恶意，他们都能以一种博大、忍让的态度尽力将“大事化小，小事化了”。

宽容并非息事宁人，而是一种修养和姿态。宽容的人，通常性格和蔼，用微笑和理解的目光去看待周围的人和事。他们与人为善，谦恭大度，以德报怨，能包容他人的缺点和错误，令对方的敌意化于无形之中。宽以待人，就是给对方机会，成就了对方，最终受益的将是自己。

《说苑·复恩》中有个著名的“绝缨”典故。

公元前605年，楚庄王平息叛乱，大宴群臣，直至傍晚仍未尽兴。楚庄王下令点燃蜡烛，继续狂欢，并让自己的宠妃许妃给众臣敬酒。有美人敬酒，气氛自然更加欢腾。

可是正当许妃给众臣一一敬酒时，一阵风起，烛火尽灭。这时，有人趁机拉扯许妃衣袖，企图调戏。聪明的许妃并未当即发作，而是把那人的帽缨扯断了，然后告诉楚庄王赶快点灯，找出那个帽缨断掉的人。

然而，楚庄王命令道：“今日与我共饮，不拉断帽缨的，不算喝痛快的。”

于是100多个大臣皆摘下帽缨，庄王这才命人重新点燃蜡烛，最终，群臣尽欢而散。

后来，楚庄王带兵攻打郑国，不料却中了郑国的埋伏。危急时刻，楚军副将唐狡单枪匹马杀入重围，救了庄王。庄王要重赏唐狡，唐狡却辞谢说，当日绝缨会上扯许妃衣袖的正是他，因感怀楚王不杀之恩，故今日舍身相报。

楚庄王以宽容的态度原谅了下属酒后失德的举动，巧妙地化解了尴尬，保住了对方的尊严和面子。欢宴时的一个插曲，却换来日后下属拼死救主的回报，这就是宽容的力量！假如当日楚庄王听从许妃的话，当场揪出行为失当的唐狡，令其沦为众人笑柄，同时还要追究其调戏妃嫔之罪，

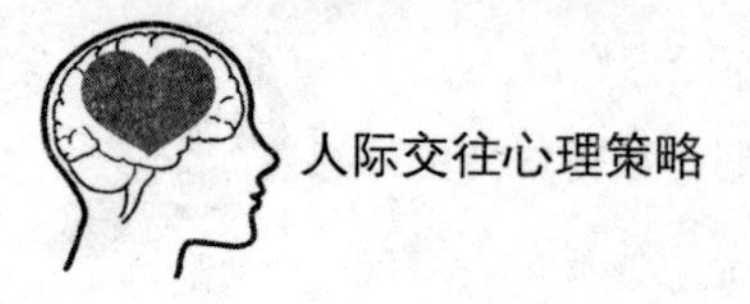

试问，哪里还有一个能舍身相报的唐狡呢？楚庄王也只得战死沙场了吧。

人际交往中，我们总免不了有与人产生摩擦和矛盾的时候，这时，假如我们能对别人的敌意和失误报以宽容和谅解，不但能化解、避免更多的矛盾，还能留给别人一个宽容大度、有修养和内涵的好印象，也更能赢得他人的尊重。美国最伟大的总统之一林肯就是这样一个人。

一次，国防部长斯坦顿走进林肯的办公室，向林肯抱怨一位少将用侮辱性的言语指责他偏袒某些下属。林肯听了，建议他写封反驳对方的信，怎么解气怎么写，以狠狠地刺痛对方。斯坦顿立刻写了一封言辞激烈又强硬的反驳信，并拿给林肯看。林肯看后，大叹他写得好。而当斯坦顿把信折好要放进信封时，林肯却问他打算怎么处置这封信。

斯坦顿很疑惑地说：“当然是寄出去啊。”林肯立刻大声道：“怎么能寄出去呢？你应该把它扔进火炉里，每当我想发火时都会这么做。你写了这么久的信，也该消火了吧，如果还不行，就再写一封。”

林肯“不责人则不受责”的宽容态度感染了斯坦顿，后者对总统的做法十分赞同和钦佩。

美国南北战争期间，麦克莱伦、波普、波恩赛德、胡克、米德这些波托马克兵团的指挥官，被一一撤换，原因是他们都犯了战略错误，让林肯很烦恼。虽然有人愤怒地谴责这些军官们的失职，林肯却未再苛责他们，而是说：“不要再责怪他们，在同样的情况下，我们也会同他们一样的。”

林肯正是凭着他非凡的人格魅力，成为美国历史上备受尊重和敬仰的总统。其豁达大度的胸襟，是他获得众人喜爱和尊敬的重要因素。

人际交往中，没有人会喜欢一个斤斤计较、睚眦必报的人。一个揪着别人错误不放的人，也必定是个不好相处的人，他们只会把小事化大，以至引发更激烈的矛盾。而宽容的人，在面对别人的不善和失误时，能拿得起放得下，对他人多一份谅解和宽容，也更容易获得对方的好感和敬重。

宽容并非怯懦和畏缩，而是一种“有容乃大”的气度和涵养。宽容的直接受体是对方，实则成就的是自己。一个能宽容待人的人，也必是生活中的勇敢者，他敢于面对各种挑战和挫折，能带给自己和他人强大的精神力量。试问，这样的人，谁会不喜欢呢?

请求他人的小帮助

人们常说“帮助他人，快乐自己”，反过来，有意请求他人帮助，其实也是在成就对方的快乐。我们都有这样的体会，当他人拜托我们帮忙，而这件事又不会给我们造成多大麻烦时，我们是十分乐意为对方效劳的，尤其在事后对方的感激之情溢于言表时，我们会更觉得开心。人们为什么会有这种心态呢？因为对别人的帮助让人们意识到自己的重要性，换言之就是使人们认识到一定的自我价值。

心理学家认为，自我价值是一个人满足自尊这一高级需要的重要方式之一。也就是说，请求他人帮个小忙实际上是给了对方体现自我价值的机会，维护了对方的自尊心，因而能获得对方的好感。

李蕾是个聪明、能干、自信的姑娘，大学刚毕业就进入一家贸易公司的市场部。从刚入职起，李蕾就暗暗下定决心，一定要努力把业绩做好，让所有人都看到自己的能力。

由于勤奋又不怕吃苦，李蕾的工作得到了上司的肯定。可是渐渐地，李蕾发现，一些比她早一两年进公司的同事似乎总喜欢对她颐指气使，经常会把一些额外的工作扔给她，而李蕾又是个要强的人，因此每次还是认认真真地把事情做好。这样一来，超时工作的状况时有发生，李蕾对此很烦恼。

一天，李蕾与一位与她关系不错的前辈在食堂吃饭，她不禁向对方道出了自己的烦恼。前辈想了想，说："你太优秀了！"

"啊？"李蕾很惊讶。

前辈接着说："你有没有发现跟你同期的同事都和你不太亲近？作为一个新人，你几乎从来都没有向别人请教的时候。你在做好分内的工作之外，还能处理更多的事务。既然这样，那别人干吗不使唤你？你不觉得假如一个人处处表现得比别人优秀是会让对方很有压力的吗？"

前辈的话让李蕾醍醐灌顶。随后，她开始有意识地改变自己。她首先改变了自己万事不求人的做法，对工作中遇到的困难，她不再硬着头皮上，而是虚心向同事请教，寻找更高效的解决方法；她也不再对同事有求必应，而是向他们说明自己的难处，表示自己不是超人，也有应付不了的工作。同时，在工作之余，她也不再独来独往，而是经常与同事在一起，并不时地向对方取经，比如，同事小敏很懂得美容，李蕾就时常向她请教这方面的知识，并请她为自己推荐一些护肤品；前辈陈阳跟客户打交道很有一套，李蕾就拿些自己遇到的棘手问题去问他。

没过多久，李蕾不但工作效率提高了，人际关系也有了很大改善，成了众人眼中工作认真、虚心学习的可爱新人。

不再那么"听话"的李蕾为何反而变得受欢迎了呢？原因很简单，因为她懂得向同事寻求帮助了。这样不但给了对方表现自己的机会，李蕾寻求帮助时的低姿态也在一定程度上抬高了对方，使对方获得了自尊上的满足。当一个人觉得自己对他人是有用的时候，他也会相信自己是重要的。

请求他人的小帮助，看似是十分简单的策略，可若使用得当，会使事情朝着我们期望的方向发展，解决问题也变得易如反掌。

派伯中校是卡耐基的副手和重要合作伙伴，他的性格古怪又可爱。他时常会有一些突如其来的点子和想法，卡耐基为此很头疼。

一次，卡耐基正准备为在圣路易斯刚修好的一座桥收税款，而在这关键的时刻，想法从来不受束缚的派伯中校突然心血来潮地说，他想搭夜班车回家。理由很简单，因为他想家了。

卡耐基对此很无奈，他知道执拗又自我的派伯中校肯定会无视他的请求。因此，他不打算直接劝中校留下来。这时，他想起中校很喜欢名马，于是他对中校说："我在以前就听人说过，圣路易斯盛产名马，因此一直都想在这里挑一匹好马送给我的姐妹，以供她们驾车。可是，我对此是个地道的门外汉，派伯，你能帮我这个忙吗？帮我挑匹好马送给她们，我想她们会非常高兴的。"

果然，卡耐基放出的鱼饵成功地把鱼儿吸引住了，派伯不但帮他选了马，还如他期望的那样完成了工作。

卡耐基未费任何多余唇舌就将派伯中校留下了，而且中校是十分乐意地留下的。请求对方帮个小忙，卡耐基正是运用这一策略，轻而易举地解决了眼前的难题。

请求他人帮小忙，是维护他人自尊、拉近自己与他人距离的有效策略。正确使用这一策略，不但能获得他人的好感，而且会使问题更容易解决。

迎合对方特别的习惯

我们知道，满足他人的自尊心，可以赢得对方的好感和友谊，实际

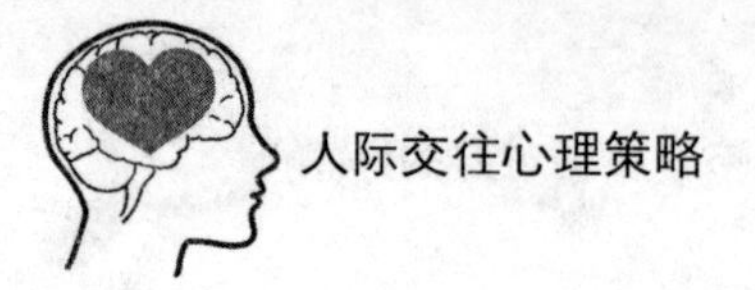

上，迎合对方特别的习惯，也能达到这个目的。

每个人的处世和生活习惯都是非常个人化的，通常情况下，人们都不会刻意地去改变自己的习惯，换句话说，相对迎合他人，人们更愿意自己是被迎合的那一个。因此，对那些有着特殊小习惯的人，假如我们能顺应他，那么无疑是对对方的一种尊重。运用好这一策略，同样能拉近彼此的距离。

小李是位医疗设备推销员，他最近成功地将一批新设备卖给了一家医院，而对方负责此事的是小李同事眼中出了名的“顽固”顾客，小李是怎么做到的呢？

小李在两次上门推销未果后发现，真正负责此事的是一个有些年纪和资历的负责人，而那位负责人每天都非常忙碌，而且十分不喜欢推销员，毕竟像小李这样的推销员每天都会出现好几个，次数多了，自然会很不耐烦。小李通过打听知道，这个负责人有每天很早就开始工作的习惯，因此总是早早出现在医院里。于是，为了能跟对方正面交谈，小李决定要比那位负责人更早地出现在其办公室门口。

终于，在小李连续几天的“早上好”的问候之后，这个负责人不再对他视而不见，他对小李说：“小伙子，你是‘早起的鸟儿有食吃’啊！”听到这话，小李知道自己的机会来了。最后，他不但与对方签了合同，还和那个负责人成了朋友。

尊重一个人的习惯，会令对方感到愉快。每个人都有非常个人化的习惯或需求，也许这些在外人看来微不足道，但他们自己会觉得很重要。因此，当他们发现有人在关注他们所计较的细节的时候，就会产生被看重和关心的感觉，懂得运用这一点的人，必定会得到他们的好感。

迎合对方的习惯是我们赢得他人好感的有效方式之一，而在商业领域，迎合消费者习惯是获得良好信誉和收益的方式。

2003年，当广州建材市场处于一片水深火热的竞争中时，南兴装饰材料城却连续几年保持店铺全部出租的良好业绩，还被评为“消费者满意市场”。在谈到取得的成绩时，其负责人笑称这是因为他们的经营策略迎合了消费者的胃口。

南兴装饰材料城除了提供全方位的产品外，还提供切合消费者习惯的优质服务。在传统商贸文化的影响下，不同于其他大城市人们买东西不怎么讲价的状况，广州人乐衷于此，而相对其他城市在解决消费纠纷时常采取法律程序，广州人更喜欢协商。

为了迎合广州人的消费习惯，南兴推出了自己的特色服务。首先，在南兴经营的商户，可自行选择经营方式，价格空间也是自由的，可根据消费者购买材料的多少和是否长期合作来给价，不同于超市的明码标价，这里是薄利多销。其次，迅速处理消费者的投诉，市场接到投诉会立刻与厂商联系，一般建议消费者直接与厂商协商，解决纠纷。为此，南兴装饰材料城在消费者中赢得了良好的商誉。

例子中的南兴装饰材料城之所以能够得到消费者的青睐，在于南兴切实考虑了广州消费者不同于别的城市的消费者的特殊性，并以此作为特色服务的切入点。迎合了消费者的消费习惯，自然更能让他们满意。

我们不能要求所有人都来迎合自己，可当有人主动迎合我们的时候，我们会感到愉悦，而聪明人懂得在与人交往时运用这些小策略来达到目的，他们会在细微处令对方感到舒适、体贴、被尊重，进而赢得对方的好感和支持。

《纽约太阳报》的前出版人弗兰克·芒西素有“报业的绞肉机”之称，其同事兼朋友欧尔曼·雷奇在其过世后，撰写了《芒西的传记》一书，讲述了芒西如何由一个默默无闻的小人物成为美国媒体业中举足轻重的出版人。

雷奇说，芒西是个处处为他人着想的好人。具体表现在哪里呢？雷奇说，自25年前自己的右耳失聪后，每次与芒西共处时，对方都站在自己完好的那只耳朵一边，无论是在办公室、街上、车上，还是用餐时，芒西总是自然而然地站在他的左边。他做得那样自然，没有人注意到他是有意的，这让雷奇都快忘了自己是个残疾人。

大人物从不会忽略那些会给别人带来良好感觉的小细节。芒西在了解到雷奇右耳失聪、须依赖左耳之后，有意地迎合了雷奇的这一习惯，而且他在做这些事时并没有让对方感到刻意，这无疑是维护了雷奇的自尊。

因此，凭借敏锐的目光去发现对方生活或工作中的细处，并尊重它，这是使自己与他人更靠近的良策。

善于与人分享功劳和荣耀

不要独揽功劳，不管做什么事情，都需要别人的大力配合。别人配合了你，就要表示感谢，就要把功劳让给别人一部分。别人付出了汗水，就该得到相应的报酬。试想，如果对方得不到相应的报酬，那么他为什么要配合你的工作呢？事实上，没有别人的配合，你什么事情也做不了。

把功劳与别人分享，把荣耀与别人分享，让每一个人都感受到成功的喜悦。众人拾柴火焰高，如果你不让别人取暖，别人自然不会再为你拾柴。同样的道理，事情做成了，有你的一分汗水，也有别人的一分汗水。尽管你付出的远比别人多，或者你起的是主导的作用，但是别人也费了心，也出了力。尽管可能很微弱，但是如果没有对方的全力支持，你的成功就不完美，甚至可能会失败。

科研所的小王名牌大学毕业，非常有才华，所里的领导也非常器重他。刚工作不久，领导就让他带领着同事主攻一个有一定难度的科研项目。小王凭借着扎实的基本功，在所里同事的大力配合下，短短几个月的时间，就完成了原计划要一年时间才能完成的科研项目。小王的卓越表现着实让领导们刮目相看。

庆功宴上，领导特别安排小王讲话。小王站在台上，一个劲地说自己如何废寝忘食地加班，如何牺牲业余时间查资料，讲了整整半个小时，把领导和同事们完全抛到了九霄云外，一个人独揽了所有的功劳。

讲话还在继续，同事们就在下面窃窃私语，连所里的领导也说："小王这样做真不合适，这让我们当领导的脸往哪里搁啊？他这么有才，那我们全是饭桶了？"

庆功宴结束之后，小王的朋友就劝他："你怎么可以那么说呢？你之所以能迅速地成功，同事们和领导给了你不少帮助，你怎么连个感谢的话也没说呢？同事和领导对你都有意见。"

小王不以为然地说："他们帮了我什么忙？要不是我，怎么会有这个成果呢？我付出了汗水，自然要收获果实。"

渐渐地，小王觉得同事们都在有意无意地和他作对。他让小李打印东西，小李回给他冷冷的一句："大功臣，你是干大事的，我哪里配给你当下手啊？"他让小刘去发个传真，说了好几遍了，小刘就是不去。无奈，小王去找领导诉苦，领导不冷不热地说："你是有功劳的人，连你都使唤不动，我就更管不了了。"

事实上，从那之后，小王再也没有研发成功项目。

就事论事，这个科研项目之所以能够成功，小王的贡献最大。但是

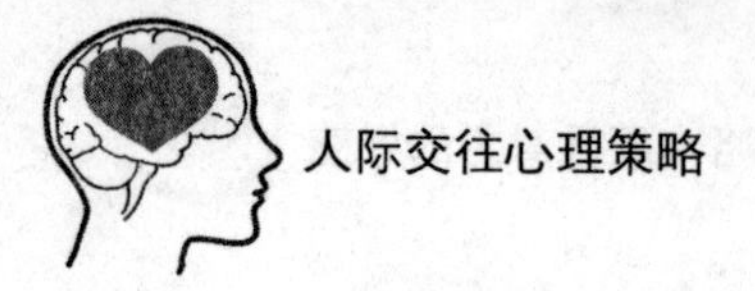

当面临好处、荣耀时，别人并不会认为谁才是唯一的功臣，总是认为自己没有功劳也有苦劳，所以，他独揽功劳，独享荣耀，自然会引起别人的不适。尤其是他的上司，有了不安全感，害怕失去权力，为了巩固自己的领导地位，甚至暗地里给他设置障碍，不时增加压力，他自然就没有好日子过了。

别独揽功劳，别独享荣耀，说穿了就是不要去威胁到别人的生存空间，因为你的荣耀会让别人变得暗淡，你的功劳会让别人产生一种不安全感。在这种情况下，如果你不懂得低调，不懂得感谢领导和同事，不懂得和他们分享，那么，为了自身的安全，别人就会和你死扛到底，直到把你挤走为止。

所以，当你承担了重任，做出了成绩的时候，一定要懂得把功劳和别人分享，尽管可能别人并没有做什么，但是你的感谢会让对方内心温暖，如此一来，他在以后的工作中自然会帮助你，因为你的感谢让他感到不帮助你就是亏欠你。功劳和荣耀不是白白承受的，尽管只是口头上的几句话，却能让别人的内心得到满足。这种华而不实的感谢虽然缺乏实质上的意义，但听到的人心里都会很愉快，也就不会妒忌你了。

事实上，别人倒也不是要分你一杯羹，但是你主动和别人分享会让人有受到尊重的感受。实质的分享有很多种方式，小的荣耀请吃糖，大的荣耀请吃饭，吃人嘴软，拿人手短，别人分享了你的荣耀，就不会和你作对了。

第 10 章

肯定策略，让对方心花怒放

如果说否定可以毁灭一个人，那么肯定就可以成就一个人。其实，肯定他人是一种能力，假如你常常封闭自己，时间久了，这项能力也会渐渐消退。肯定他人，不但能激发出对方的信心，也能建立彼此之间的信任。同时，肯定他人是培养自身气度与修养的有效途径。

先认可对方，满足其心理需要

生活中，我们常碰到这样的情况：想让对方应允我们某件事时，若是先对对方的某个决定表示支持，那么，在我们提出要求时，对方也会比较容易接受和答应。这其实是利用了人际交往中的“认同效应”和“自尊原理”。

我们认可对方，就是赞同对方的想法和行为，这无异于在说“我认为你是对的”，或者“是的，我也是这样想的”。这就产生了“认同效应”，即你的错误我也犯过、你的想法我也有过、是我也会这样做等。同时，认可对方还会让其产生被尊重的美好感觉，而尊重是人类重要的高级需要之一，换句话说，认可对方是满足对方高级需要的重要方式之一。因此，人际交往中，当我们面对不熟悉、陌生，甚至对我们有敌意的人，可以用认可对方的策略来博得对方的好感和支持。

任职于同一间设计公司的小张和小李的关系最近有些紧张，原因很简单：公司新接了一个设计项目，上司让下属们各凭本事，谁的方案好就由谁全权负责。其实众人心里都清楚，假如这个案子做好了，对以后升职会有很大帮助。

在重重筛选之后，进入集体讨论的是小张和小李的方案。小李虽然和小张年纪相仿，却是小张的前辈，经验和技术都比小张过硬。可是谁知，最后赢的竟是小张，原因是：小张的方案创意比较好。

这原本是公平竞争的事，可是接下来的日子里，小张感觉到小李对自己的态度变得不冷不热。小张知道，小李在这个案子上也付出了很多心血，就这么被否定了，心里肯定会不舒服。可是两个抬头不见低头见的人不能总这样啊，小张决定改变这个状况。

于是，他拿着自己的方案去向小李请教一些技术性问题，不断赞叹小李方案的精妙，直言自己的方案有一些技术性问题，上司也提出来了，还告诉他，这方面能力最强的就是小李。这不，他虚心请教来了。

周五的例会上，小张跟上司提出能不能让他和小李共同负责这个项目，因为他觉得，以自己的能力，如果没有小李的技术支持，这个方案实施起来会有些吃力，而他在这方面一直很佩服小李，想有个向他学习的机会。

下属之间能够友好合作，又能把公司的工作做到最好，上司自然没有不答应的道理。就这样，小张不但获得了小李的帮助，还促使两人的关系比以前更好了。

想与他人搞好关系其实并不那么难。人人都有被尊重和认可的需要，当这一需要得到满足时，会产生愉悦的感觉，行为、态度也会变得积极友好。先认可对方不但是获得对方支持的好策略，也是避免与他人结仇的有效方法。

认可对方的方式有很多种，其根本都是让对方产生自尊和自信的感觉。除了对他人的某一方面表示赞赏和钦佩外，虚心接受他人的意见和建议也是认可他人的一种方式，同样可以引起他人的好感和支持。

中专生小陈去某市一家大电器厂应聘，他虽然表示什么都愿意干，可人事部主管见他身材矮小，学历又低，就托词说他们现在不缺人，让他一个月后再来。

没想一月后，小陈真的来了，主管继续推脱此事。过了几天小陈再去找他，就这样反复几次，主管吃不消了，便说：“你这样不整洁的样子，怎么可以进厂呢？”听罢小陈就去借钱买了新衣，好好整理了一番，又去了。

主管很无奈，以小陈不懂电器知识为由，又拒绝了他。不想两个月后，小陈再次出现，并对主管说：“我已经学了两个月的电器相关知识，您看我哪些方面还不够？我一定认认真真学习来补！”

主管被小陈的拗劲和执着打动了，不得不投降地说：“我做了几十年的招聘工作，头一回碰到像你这样来找工作的，真佩服你有这样好的耐心与韧性。”

小陈终于凭借其“精诚所至，金石为开”的劲头得到了渴望已久的工作。

这个故事里，小陈的坚持固然帮了他大忙，可是如果他没有听从主管的建议而不断地改进自己，又怎么能以一个虚心好学的姿态得到主管的认可呢？因此，想要得到对方的赞同，不妨先向对方“低头”。

为了获得对方支持而先认可对方的策略，就如同人际交往中的“互惠原则”——人们在收到对方好处时，会试图以相同的方式给予回报。社会心理学家指出，人们倾向于喜欢那些喜欢自己的人。先认可对方的举动，犹如主动向对方伸出善意的橄榄枝。试问：有谁会对他人的友好无动于衷呢？

懂得正确赞美的人更受欢迎

心理学家认为，赞美是一种有效的交往技巧，能缩短人与人之间的心理距离。调查显示，中国每100个头脑聪明、业务过硬的人里，就有67个因为人际关系不畅而在事业中严重受阻，因为他们不懂得称赞别人；而有93.7%的成功人士将良好的人际关系归功于称赞他人。

俗话说“誉我则喜，毁我则怒”，爱听好听的话是人之本性。当我们对他人表示感激和钦佩时，赞美之声会让人产生优越感和自信心，尤其是当我们赞美的是对方身上值得赞美却被他人忽略的地方时，对方必定会对我们刮目相看。然而，赞美并非直白的恭维，它是有技巧可言的。巧妙的称赞远比直抒胸臆更能让对方受用，也更事半功倍。

乔治·黑文·帕特南是著名的帕特南图书公司的总经理。一次，他去华盛顿出席国会某个委员会的听证会。他的议案如能通过，将对整个出版界产生重要的影响。

然而很不幸，帕特南的律师临阵退缩，帕特南不得不独自面对这个困境。

关于这项议案，最让帕特南头疼的是委员会主席卡帕特森，因为这位举足轻重的人物也不同意这项议案。

帕特南决定亲自去拜访卡帕特森。在整个拜访过程中，帕特南一直以“主席先生”来称呼卡帕特森，并以“贵会”来称呼卡帕特森领导的委员会，他还认为该委员会“具有左右议会的权威”，并在推动出版行业发展的过程中作出了重要贡献。

帕特南在言语中巧妙地将卡帕特森及其委员会的地位抬高，使其以公正的态度来对待这项议案。他恰当的言语不但使卡帕特森很受用，还

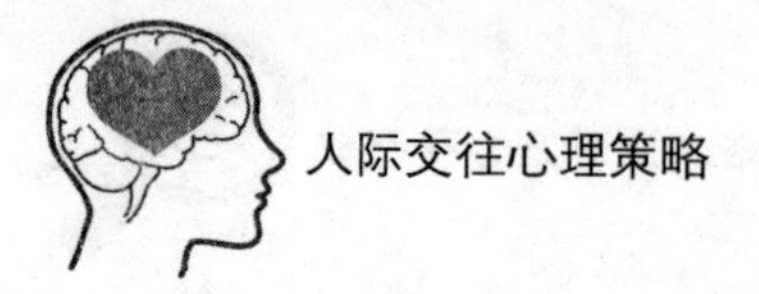

在无形中影响了这位主席先生。最终，帕特南获得了卡帕特森的支持，议案也得以通过。

抬高他人是一种有效的称赞方法，尤其对那些居于上位者。巧妙地强调他的重要性，是与其职位特征相吻合的赞誉，既不过分，又不会显得夸大。例子中帕特南反复提起“主席先生”“贵会”，都是在无形中对卡帕特森进行称赞，看似无意，实则有意，他甚至没有说出一句直白的称赞之言就达到了效果。

但是，对于那些听惯赞美之词的大人物而言，无论你的赞美多么实至名归，也要搞清楚他最喜欢听哪方面的赞誉。假如你称赞石油大王洛克菲勒“你是个了不起的企业家”，你认为他会受用吗？因为这是众所周知的事情，此类的话他早已听腻了。

新闻记者弗里德·凯利曾经描述道，洛克菲勒很喜欢别人称赞他琐细的家庭经济，也很愿意让人说他如何热心于教会和主日学堂的事；而钢铁大王卡内基则会因别人对自己演讲的褒扬之词眉开眼笑。凯利正是抓住了大人物们的这些“小弱点”，才能一次次采访成功。

因此，当有些事情并非某人专长，而他希望获得这方面的关注和肯定时，你就可以以此为题来赞美他，这样的赞美策略往往会取得意想不到的效果。

称赞是一门学问，除了巧妙地当面对对方表示称颂之外，假借他人之言行赞美之实，也是个不错的方法。

李白为了让时任荆州长史的韩朝宗向皇上推荐自己，在《与韩荆州书》中写道：“白闻天下谈士相聚而言曰：生不用封万户侯，但愿一识韩荆州。”意思是说：“我李白听天下文人贤士相聚时说：人生在世，不必生在食邑万户的豪门大户，只要能见一次韩荆州就够了。”

李白在这封自荐信里先不显山不露水地把韩荆州赞扬了一番，说他谦恭下士，提拔人才，接着才毛遂自荐，介绍自己的经历、才能和气节。李白的这番赞美很有技术含量，不说是自己说的，而是借他人之口，说是天下文士都这么说。韩荆州听了这话，怎会不受用？这才极力将他举荐给唐玄宗。

懂得赞美艺术的人，是将溢美之词隐藏在言语笔触之间的人。他们绝不会大肆堆砌华丽造作的辞藻，也不会一开始就将自己的目的和所求透露出来，而是先通过委婉的赞美赢得对方的好感，让事情有个好的开始，再将事情推进到下一步。

赞美之法重视含蓄、间接，要做到高明，有时不妨借助他人之口，如此也会达到不错的效果。德国著名的“铁血宰相”俾斯麦就精于此道。每当他想驾驭一位常与他作对的下属时，就会故意在他人面前赞扬他，他永远不担心那些下属听不到这些赞美之言，因为总会有第三个人来有意无意地传达这些话。

聪明人都懂得以有技巧的称赞之法引起他人的注意，让对方对自己产生好感，从而达到目的。

给予对方更多的肯定

美国实用主义哲学大师、心理学家威廉·詹姆士说：“人类本质中最殷切的需求是渴望被肯定。”是的，每个人都希望被认可、被人接纳、被人肯定，这是人类的天性。我们在日常生活中，也总是喜欢跟肯定自己、鼓励自己的人待在一起，而不喜欢跟没事就爱打击人、伤人自

尊的人在一起。当自己的言行举止被他人肯定之后，自己不仅会感到愉悦自豪，还会由衷感谢赞美自己的人并对其产生亲切感、信赖感，在日后的生活中，也愿意推己及人，去肯定对方、帮助对方，从而达到双赢。换位思考一下，当我们去赞美他人的时候，是不是也会取得相同的效果？答案是肯定的，因为人类的天性就是希望得到肯定，也更加愿意亲近善待自己的人。

这天，一个长相一般、微微发福、穿着普通的中年妇人在一家最高档的厨具用品店门口徘徊，看样子是要买厨具用品。店里一个二十来岁的姑娘不屑地扫了她一眼，接着又埋头理货。中年妇女就问："你们这个玻璃锅多少钱啊？"姑娘眼皮抬也没抬一下地说："打完折280元。"中年妇女自言自语说了一句："哦，那还是有点贵呢。"姑娘抬眼在中年妇女的身上从上向下打量了一番，撇了撇嘴，一脸鄙夷地说："看你也不像买得起这种锅的人。"中年妇女立马转身回给她一句话："我是说你的服务不值这个价。"然后怒气冲冲地走了。她在另一家相同档次的厨具店停了下来，那家的店员非常热情，两人还聊起了天，似乎是熟知的朋友一般，然后她兴高采烈地付完账走了。店员说，那个中年妇女家里其实非常有钱，但是丈夫又在外另找了一个年轻漂亮的女人，她虽然住着别墅，却孤独寂寞，心里苦闷，她需要人尊重，需要他人肯定。刚刚夸了她几句，她就把店员当亲密朋友一样，一下子下了几千元钱的订单。

民间有句话叫作："人活一张脸，树活一张皮。"说的是人活在世上都很注重自己的脸面，都希望得到他们的尊重和肯定。在人际交往中，想要获得他人的支持，可以先肯定他人，从而突破他人的心理防线，使其对你产生亲近感、信赖感，之后，你就有可能比较轻松地赢得他人的支持。自然界的生存法则是"趋利避害"，向日葵的花总是向着

阳光，并随着太阳的移动而转动；植物的根须也总是朝着湿润、肥沃的地方延伸。人也是一样，心灵总是倾向于善待、肯定自己的人。

夏明是班级里公认的“害群之马”，功课不好好做，上课也不遵守课堂纪律，老师们都把他当作“问题生”看待，班主任还把他调在教室最后一排的小角落里，就是希望他不要打扰了其他同学的学习，影响老师的上课。夏明至此也更加颓废下去，遇到严厉苛刻的老师，他就在课堂上睡大觉；遇到新来的或是看起来好欺负的老师，他就在课上捣蛋，顶撞老师。很多老师都拿他没办法，摇头叹气地说：“孺子不可教也。”

夏明虽然是大家公认的“坏孩子”，但是心地还是蛮善良的。一天，夏明看到路边一个乞丐在骄阳下行乞，他主动跑去小卖部给那乞丐买了一瓶矿泉水，那乞丐连忙感激地说：“孩子，谢谢你！好人有好报，一看你就是很有出息的孩子。”夏明不好意思地摇摇头说：“我可不是什么好孩子，也不会有什么出息的。老师同学都不喜欢我。”说完夏明悻悻地走了。这一幕被新来的年轻女老师看见了，她觉得自己得帮帮夏明，虽然就在下午上课的时候自己差点被夏明气哭了。她去网上查了查资料，弄清楚了“问题生”之所以产生“问题”的各种原因。结合夏明本身的情况，她发现夏明是因为长期被人忽略没有成就感而自暴自弃。于是，上课时她有意无意地提一些简单的问题问夏明，如果夏明回答正确了，就积极给予肯定及赞美；如果夏明没有回答出来，就说这个问题有难度，叫夏明回去好好看书。课余时间，她又找夏明谈话，积极鼓励夏明，说夏明是一个很聪明的孩子，如果把精力放在学习上，肯定会取得好成绩的。此后，夏明功课做得很认真，上课也不捣蛋了，一段时间之后，夏明果然取得了很大的进步，还渐渐成为大家眼里的好学生。

现实生活中，没有谁不渴望得到别人的认同和赞美。而获得他人的认同和赞许，可以使人得到内心的平衡，产生成功的满足感。这种“满足感”会积极引导人们朝着大众所认可的正面方向发展，会使人越来越进步，获得更多的成就感。故事中的年轻女教师正是抓住了夏明渴望被人尊重、被人认可的心理特征，然后给予其认可、赞美，使他重新找回了内心的平衡，找回了自信，从一个“害群之马”变成了大家眼里的好学生。女老师也通过认可、赞美夏明，获得了夏明的好感，使其在以后的学习中积极配合老师的工作。

在人际交往中，如果你想说服他人，获得对方的支持、配合，就应该懂得人类渴望被他人认可的心理特征，并积极迎合这个心理特征，巧妙地给予对方认可及赞美，获得对方的好感，成功突破对方的心理防线，这样一来，获得对方支持也就不再那么困难了。

诚实而真挚地赞美

心理学家威廉·杰姆士说：“人性最深层的需求就是渴望别人的欣赏和赞美”。每个人都渴望得到他人的赞美、赏识，这是人性中最深切的需求。在人际关系方面，我们永远也不要忘记，我们所遇到的人都渴望别人的欣赏和赞扬。在与人相处时，试着找出别人的优点，给别人诚实而真挚的赞美，这样可以更容易说服别人。

任何一个人，都有其自身存在的价值，都渴望得到他人的关注，甚至是赏识。因此，如果你正在尝试着说服他人，不妨从赞美对方开始。

一间办公室里有三个人：小王、小张、小李。小王的工作能力比较强，工作效率也高。一天中午，小王吃完午饭刚回来，小李就说：

“小王，你好像挺闲的，帮我把这个计算一下。”小王念在同事一场的分上，勉强接过工作，但是心里已经反感起小李了，不甘不愿地计算起来。做完后，小张笑嘻嘻地凑过来，还端来一杯水，说：“王哥，累了吧，喝口水。你计算能力真强，这么快就算好了呀？我那还有一份没做完，你能不能也帮我算一下啊？”虽然小王的午休时间没了，但还是很乐意地为小张计算起来。

“你的计算能力真强！”“你的字写得真漂亮！”这些赞美他人的话语，能够赢得对方的好感，从而激起对方做事的干劲。人们渴望获得赏识、赞美，对赏识及赞美自己的人也会更加亲近，这是人之常情。抓住了人的这个特点，就能更好、更快地达到说服别人的目的。在日常生活中，想要更好地说服他人，就应该多留意他人的优点或价值。要谨记，赞美的高手同时也是说服的高手。历史上有很多人就深谙“用赞美来说服他人”的道理。

饭田觉兵卫是古代日本加藤清正家的老臣，他是一位勇猛又擅长谋略的武将。加藤清正死后，饭田宗族被追加了爵位，觉兵卫也在这个时候辞官，并在京都过着隐居的生活。有一次，他对别人说：“我第一次在战场上立了功的时候，同时也目睹了许多朋友因战殉职。当时，我认为这是一件很可怕的事情，就想再也不做武士了。可是，我回到营里后，加藤清正将军夸赞我今天的表现，又把一把名刀赐给了我。这样，我不想当武士的念头被打消了。后来，每次上战场，我总是有‘不想再当武士’的念头。但每次回到营里后，又总会受到夸赞和奖赏。周围的人，都以欣羡的眼光看我。所以，我的想法不得不一次又一次地改变，总是没能达成我的心愿，也就一直服侍清正将军。现在想来，清正将军真的算是巧妙地利用了我渴望赞美的心理。”

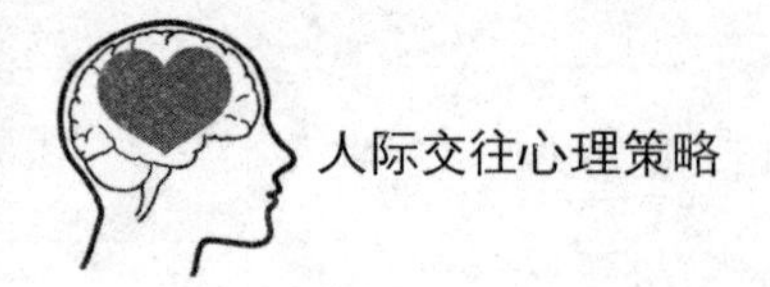

加藤清正是真正懂得并善于利用赞美的力量的人。即便是勇猛的武士，对于战争也会有所畏惧，但光荣及荣耀又是每个士兵终生的追求，加藤清正正是抓住了饭田觉兵卫的这个心理，及时给予饭田觉兵卫赞美、嘉奖，从而成功地令饭田觉兵卫这个勇士留下来给自己卖命。加藤清正用赞美这种间接的方式，让饭田觉兵卫很难拒绝，而如果用其他的方法，恐怕不会起到这么好的效果。

在现代社会中，人们随时随地都可能要说服各种各样的人。你怎样才能让对方快速地接受你的意见，而不至于被对方拒绝呢？这就需要你巧妙地赞美他，将对方引入你设定的情境，然后再进入正题，这样会使你的意见更容易被接受。

齐景公生性好玩，常常爬到树上去捉鸟。齐相晏子想说服齐景公改掉这个恶习。有一天，齐景公掏了鸟窝，一看是小鸟，就又放回鸟窝里。晏子问："国君，您怎么累得满头大汗？"齐景公说："我在掏鸟窝，可是掏到的这只太小、太弱，我又把它放回巢里去了。"晏子称赞说："了不起啊，您具有圣人的品质！"齐景公问："这怎么说明我具有圣人的品质呢？"晏子说："国君，您把小鸟放回巢里，表明您深知长幼的道理，有可贵的同情心。您对禽类都这样仁爱，更何况对百姓呢？"齐景公听了这些话十分高兴，再也不掏鸟窝玩了，而是更多地去关心百姓的疾苦。晏子顺利达到了说服的目的。

晏子的赞美成功说服了固执的齐景公，可见，赞美是说服别人的一种很好的方法。在运用赞美策略的时候，必须要了解对方的嗜好、习性及其脾气，抓住对方的心理特点来实施针对性的赞美，如此才能取得好的说服效果。赞美要适度，要恰到好处，不能夸过了头，让人产生虚假的感觉，那样反而会引起他人的反感，适得其反。

每个人都希望听别人说好话，听别人赞美自己。如果你经常赞美别人，那么，当你向别人提出反对意见的时候，别人也会更加重视你的反对意见。如果你经常赞美别人，并且怀着真诚的心来赞美他人，那么，时间一长，别人就会把你当作知己，你说的话也会更加有说服力。

适时恭维，满足其虚荣心

人或多或少都有些虚荣心，都希望自己在别人的心目中是美好的，希望他人尊重自己，甚至是吹捧自己。每个人都希望能高人一等，希望自己能够被他人顶礼膜拜，这就是为什么古时候那些皇子权贵们宁愿冒着生命的危险也要坐上皇位、让天下人都臣服于自己，以享受至高无上的尊荣。现实生活中，依然有很多人在为追求功名而不断进取，为的就是得到世人的尊重。无论是大人物还是小人物，现实生活中，每个人都有自尊心，都希望被人看重，这是人作为社会群体的一员的普遍的心理需求。

了解了人们的这一心理，我们在与人相处的时候，就可以适当抬高他人的身份，让对方的自尊心得到满足，令其对我们产生好感，增进彼此之间的友谊。当对方对你产生亲密感，将你当成“自己人”时，你再向他提出要求或是请求他帮助，他就不会轻易地拒绝你了。所有人都是希望被人称赞的，当我们被他人的几句赞美的话捧得高高的时候，心中便会十分兴奋，自我意识高涨。心情好，当然也更加愿意帮助别人了。

威尔逊总统在决定提议威廉·马卡杜做他的内阁成员时，遵守的就是这一准则。威尔逊在与威廉·马卡杜交谈时，让威廉·马卡杜感受到

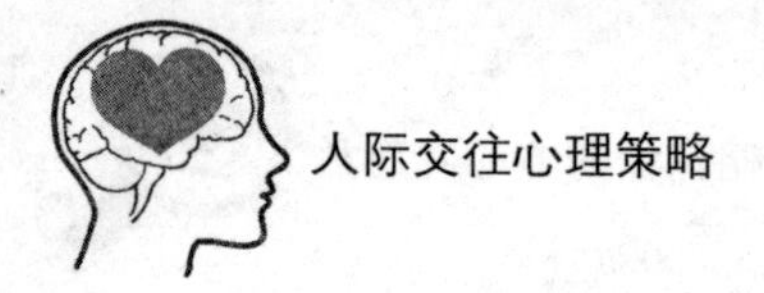

这个职位的重要性，能够担当此任是一个非常高的荣誉，威廉·马卡杜深深感受到威尔逊对自己的器重。马卡杜本人对此这样叙述：“他（威尔逊）说他正在组阁，如果我接受他的邀请担任他的财政部长，他将非常高兴。也就是说，威尔逊使人觉得，如果我接受他的邀请，就是对他的莫大帮助。”

当威尔逊让威廉·马卡杜感觉到自己被委以重任的时候，不管那个职位多高或是工作有多么重要，都会让威廉·马卡杜感觉到自己将对威尔逊产生的重要影响，让他感觉到自己很重要，为此，他也会感激威尔逊，并心甘情愿为威尔逊出谋划策，奉献自己的聪明才智。

现实生活中我们也会遇到类似的事情，比如，当你有求于人时，别人可能由于各种原因不愿意帮助你，而如果你给他戴上一顶恰到好处的“高帽子”，让对方对此沾沾自喜，觉得帮助你是一件很有面子的事情，觉得自己很有能力，对方便会兴高采烈地帮助你。

玲玲刚刚从学校进入职场，作为一名普通的实习生，她一个月的工资没有多少钱，但是毕竟有自己的工作了，再也不好意思管父母张口要生活费了。然而有限的工资让玲玲成了“月光族”，有的时候还青黄不接，这让玲玲很苦恼。一次，囊中羞涩的玲玲终于决定要跟老板谈一谈，工资实在太少了，没办法养活自己。这天下班后，玲玲没有直接回家，而是走到老板的办公室，敲了门，老板让她进去。站在老板的面前，她并没有直接提出要求加工资的事情，而是说：“经理，您真厉害，白手起家把公司开到这么大，实在太厉害了。”老板笑着说：“谢谢，这没什么，只要努力，很多人都能做到。”玲玲接着说：“呵呵，您太谦虚了！您不仅能力强，而且对自己的员工都特别照顾。听同事们说您经常帮助公司的人，上次小张生病了您还送他去医院来着，有您这

样的上司真是我们员工的幸福啊！”老板被玲玲的几句话一说，顿时觉得浑身舒畅，觉得自己好像就是那个特有善心的人一样。末了，老板主动问起玲玲的工作情况，问她还适不适应，或者有什么困难尽管跟他提出来。玲玲这才支支吾吾地说：“我觉得公司给新人的工资有点少，在这个大城市里生活太难了。”老板轻松地说：“呵呵，这个问题呀，好解决，只要你认真工作，我提前给你转正，给你涨工资。”玲玲喜开颜笑。

适时地恭维一下别人并不难，只要我们嘴巴甜一点，把自己的姿态放低一点，把对方往高处抬，就能做到。而且，这样能够让他人心情愉悦，心甘情愿帮助你，这是一个一本万利的策略。将对方捧得高高的，满足对方的虚荣心，对方会因为想回报你而主动为你排忧解难。有的时候，将对方捧得高高的，会让对方有种骑虎难下的感觉，让对方觉得不答应你的请求、不帮助你似乎就是他的不对了，说明自己没能力，会觉得很丢面子。为了不丢面子，他会想方设法地满足你的请求或要求。

第11章

信任策略，拉近彼此感情

为什么有些人能够很快与陌生人打成一片？为什么有些人总能受到他人的青睐？难道仅仅因为他们长得很有亲和力吗？有些人不具有亲和的外表，甚至长相丑陋，但是他们一样能得到他人的喜欢，这又是为什么呢？其实，让他人喜欢自己是有一定技巧的。只要掌握了他人的心理，运用恰当的心理策略，就能够让他人喜欢我们。让我们来看看让他人喜欢我们的心理策略都有哪些吧！

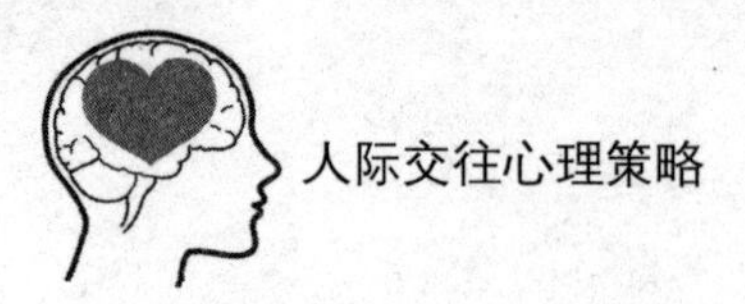

自嘲的艺术，营造和谐气氛

幽默被人们称为一门高超的语言艺术，只有具有一定智商的人才能很好地驾驭它。而自嘲又被称为是幽默的最高境界。自嘲，通俗点说就是“拿自己开涮”。敢于拿自己“开涮”的人必定是对自己高度自信的人，缺乏自信的人是难以掌握好尺度的。在公共场合拿自己“开涮”，可活跃谈话气氛，消除紧张情绪；在尴尬中拿自己“开涮”，可以为自己找台阶，保住面子；在特殊情形下拿自己“开涮”，可以含沙射影，刺一刺无理取闹的小人。在人际交往中，拿捏好拿自己“开涮”的尺度，可以巧妙地化解尴尬，打破沉闷的交谈氛围，拉近彼此的关系，使双方的感情进一步发展。

抗战胜利后，著名画家张大千从上海返回四川老家。行前好友设宴为他饯行，并特邀梅兰芳等人作陪。宴会伊始，大家请张大千坐首座。张大千说：“梅先生是君子，应坐首座；我是小人，应陪末座。”梅兰芳和众人都不解其意。张大千解释说：“不是有句话叫‘君子动口，小人动手’吗？梅先生唱戏是动口，我作画是动手，我理该请梅先生坐首坐。”满堂来宾为之大笑，并请他俩并排坐首座。张大千自嘲为小人，好似自贬，然而“醉翁之意不在酒”，这既表现了张大千的豁达胸怀，又营造了宽松融洽的交谈氛围。

一个身材、相貌等各方面并不突出的人，如果他在与别人交往的过程中具有很高的语言技巧，特别是善于“拿自己开涮”，那么他不仅能给别人带来欢笑，也能使自己的魅力指数不断上升，赢得他人的好感与喜爱。

某大学宿舍里，有一个女孩非常胖，偏偏又睡在上铺。每次只要她上床，床就会左右摇晃，响声很大，下铺的女孩非常反感，暗地里骂她“小肥猪”。后来有一次，她终于感觉不好意思了，上床之前就对她的下铺说：“亲爱的，真不好意思，都怪我那肥胖的身躯，总是让你经受一次又一次‘地震’的痛苦，现在‘地震’又开始了，真不好意思，等它平息了，你再过来吧！”她的下铺不禁一笑，说：“我没关系，只是你每次上来下去怪累的，你要是愿意，我们可以换一下床位。”胖女孩说：“那真是再好不过了，谢谢你！”之后她们成了无话不谈的好朋友。

每个人都是不完美的，如果身存缺陷却依然自信，并敢于拿自己“开涮”，那么至少证明你是一个内心阳光、开朗乐观的人。一个内心阳光、开朗乐观的人具有极强的感染力，会让人们忽视其缺陷而被其性格魅力所吸引，进而愿意与之交往、建立良好的关系。

在人际交往中，尴尬总是会在不经意间发生。当你不小心处于尴尬的境地时，如何能够巧妙地化解尴尬，维护尴尬双方的形象及自尊呢？自嘲不失为一种理想的方法。

在某俱乐部举行的一次招待会上，服务员倒酒时，不慎将啤酒洒到一位宾客那光亮的秃头上。服务员吓得手足无措，全场人目瞪口呆。这位宾客却微笑地说：“老弟，你以为这种治疗方法会有效吗？”在场的人闻声大笑，尴尬局面即刻被打破了。

这位宾客借助自嘲，既展示了自己的大度胸怀，又缓解了尴尬。在

人际交往中，适时、适度地自嘲，不失为一种良好的修养、一种充满活力的交际技巧。自嘲能够制造宽松、和谐的交谈氛围，能使他人感受到你的可爱、大度。

身在高位或身为明星大腕的人，如果在与大众交流时敢于拿自己"开涮"，那么会让众人觉得更加亲切，更有人情味，众人也就会更加喜欢与爱戴他。

林肯总统在与人交流时，为不使对方感觉到压力，也总是喜欢采取自嘲的方式来打开话题，尤其是喜欢拿自己的外表"开涮"。一次，他用这样一个故事来作为沟通的开始，他说："有时候我觉得自己是一个丑陋的人，一次我在森林散步时碰见一个老妇，老妇对我说，你是我见过的最丑的人。"

"我是身不由己。"我回答道。

"不，我不这么认为！"老妇说，"至少你可以待在家里不出门啊！"

一番话使这位总统显得那么平易近人、和蔼可亲，使得双方在谈笑风生中宾主尽欢、开怀畅谈。

敢于拿自己"开涮"，需要一定的勇气和自信。自信心不足的人最好不要随便拿自己"开涮"，免得适得其反，让自己更加尴尬。拿自己"开涮"需要一种超脱的心态，要做到心胸宽阔，不斤斤计较，面对自己的失误、短处、缺陷能够以一种平和的心态处之，坦然地接受自己的不足，对他人能够以宽容的胸怀对待。敢于拿自己"开涮"的人是非常幽默的人，是大度的人，因而也是富有人格魅力的人，会受到大家的欢迎。

少说“我”而多用“你”

每个人都希望受到他人的关注，在人际交往中，如果想快速增进彼此间的关系，不妨从关注他人开始。每个人都对于自己感兴趣的话题或是与自己相关的话题比较感兴趣，而对自己完全陌生的或是与自己没有多大关系的事物不太感兴趣，因而，在与他人交谈时，尽量从对方的角度出发，选择对方熟悉的、感兴趣的，或者与对方有关系的话题来交谈。如果选择的话题是对方熟悉的，那么对方在交谈的时候就会很自信，有话可说，与你交谈的欲望也会强烈，此时你只要做个好的倾听者，谈话就会在友好的氛围中进行下去；如果你选择的话题是对方感兴趣的，那么对方势必希望与你进行交流，以便了解更多有关这个话题的信息，另外，对方对这个问题感兴趣，势必也对这个话题有一定的了解，双方在一起的互动性就更强，谈起话来更投机，因而会相谈甚欢；如果所谈论的话题是跟对方自身有关系的，只要不是隐私问题，对方也会很高兴的，因为那代表着你对对方的关注与关心，人们通常对于关心自己的人都会心存感激、心生好感的。

在人际交往的过程中，想要尽快地消除他人的顾虑、拉近彼此间的感情是需要讲究技巧的。而在谈话时，能够站在对方的立场上，从对方的实际情况出发选择话题就是技巧之一。首先，谈论的中心不是自己而是对方；其次，谈话中，尽量少用“我”而多采用“你”，将主动权交给对方。

战国时，赵太后刚刚执政，赵国就遭到秦国的进攻。赵太后派人向齐国求救，齐国说一定要让赵太后的儿子长安君来做人质，齐国才会派援兵前来救助。赵太后十分宠爱长安君，不肯答应，大臣都极力劝

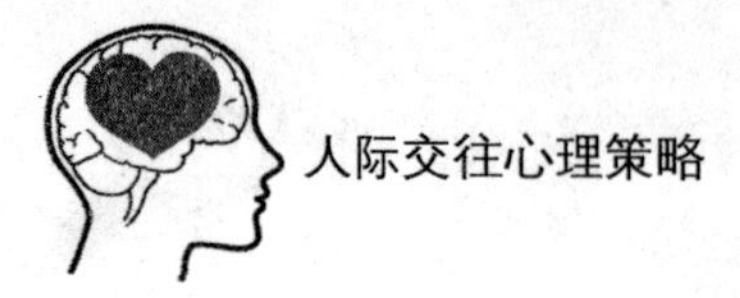

谏，赵太后就公开对左右近臣说：“有谁还敢再说让长安君去做人质，我一定唾他一脸唾沫！”左师触龙听到消息后，还是决定去劝劝太后。太后知道触龙前来是为了劝谏，因而怒气冲冲地等着他。触龙见到太后之后，并没有直接地提出要让长安君作为人质前往齐国，而是从赵太后自身出发，先是以一个老臣子的身份关心赵太后的身体情况，让赵太后的怒气稍稍消解；然后，从父母对子女的亲情出发，道出父母对子女的深情厚爱，使得赵太后的心灵与之共鸣，心理防线消解；最后再以赵太后对燕后及长安君的做法两相比较，让赵太后明白为了长安君的长远发展，应该让长安君去齐国做人质。触龙成功地说服了赵太后，齐国最终同意出兵援助。

触龙正是站在赵太后的立场，感知赵太后的心理，然后巧妙地晓之以理、动之以情，使赵太后消除了对他的反感及怨恨，并最终同意让长安君作为人质前往齐国。如果触龙跟其他大臣一样，只是以救国救民的大道理来劝说赵太后，而不体会赵太后作为母亲的艰难的心情，肯定不能达到说服赵太后的目的。

在人际交往过程中，有些人能够很快跟他人打成一片，而有些人却相处时间越长越让他人反感，原因是他始终以自我为中心，凡事都围绕自己转，这样的人会给人留下自私的印象。人们当然不愿意与自私的人保持友好、亲密的关系。

有一个女孩，很活泼也很可爱，但是相处久了，人们都不太喜欢她，她自己也觉得奇怪。后来，她主动找身边的人了解情况，他们对她一致的评价是“太自我”。比如，宿舍里有一个女孩买了件衣服，她问宿舍的人那件衣服怎么样，别人都会说：“嗯！不错，很漂亮。”或者说：“挺适合你的。”而那个女孩却说：“呀！有点老土。”因为她自

己是学街舞的，穿衣风格都是非主流的，觉得不合她口味的都是老土的。还有一次，另一个女孩带着她的男朋友过来，介绍给大家认识。她送走男友后问宿舍其他人她男友怎么样，别的女孩都说："不错，挺好的。"或者："你们俩挺般配的。"而她却说："我觉得有点矮，只有一米八以上的我才看得上。"这样的事情很多，当别人共同讨论一件事的时候，她总是喜欢将话题引到自己的身上，而忽略其他人的感受，对他人的事情、心里的想法也漠不关心，时间一久，别人都疏远了她。

其实，人与人之间相处都是相互的，对方关心你，就是希望你能够同等地关心他。人与人之间要想建立良好而持久的关系，首先应该彼此关心，互相帮助。而陌生人之间要想拉近彼此关系，首先要从关怀彼此开始。

完美中带点小缺憾，更受人欢迎

有时候，在人际交往中适当地犯点小迷糊，不仅无损于自身的形象，而且会取得意想不到的好效果，如可以增进对方对自己的好感，加深双方之间的感情。

如果你各方面都比别人优秀，而在与人相处时又正襟危坐、一丝不苟，那么，对方跟你在一起时便会在无形中产生一些压力，这种压力会迫使对方远离你，至少是心理上排斥你。

人们喜欢优秀的人，但如果对方太过完美无缺，又会让人心生敬畏而不敢接近，优秀中带点瑕疵，才能让人们感觉亲切，更加喜爱。

有一个节目作了四段访谈。这四段访谈的情节内容都很类似，第

一和第二段受访的人都是成功人士，所不同的是，第一位态度自若，自信满满，还不时赢得台下观众的掌声；而另一位成功人士却显得有些羞涩，以至于紧张到不小心将咖啡杯打翻了；第三和第四段的受访者都是普通人，所不同的是，第三位不紧张也不吸引人，第四位很紧张，跟第二位的表现类似。事后，栏目组让在场的观众投票，选出最受欢迎的受访者，而统计结果显示，观众最喜欢的是第二段里那位有些紧张的成功人士。可见，完美中带点小瑕疵的人更受人欢迎。

任何人都是不完美的，一个成功人士或者一个相对优秀的人，如果他在日常生活中犯点无伤大雅的小迷糊，则会让人觉得更亲近，也更加喜欢。生活中常常有很多这样的例子：一些在各方面都表现优秀、近似于完美无缺的人，往往在人际交往中不太讨人喜欢；反而那些虽然很优秀却偶尔犯点小迷糊的人深受人们的青睐。这种现象在心理学上被称为“犯迷糊效应”，即小小的迷糊反而会使有才能者的人际吸引力提高，完美中带点瑕疵更受人欢迎。

有一次，牛顿因为要研究一个难题，所以起得很早。这天，女佣有事要外出，她对牛顿说道：“教授，我帮你弄点吃的再走吧！”牛顿回答道：“没关系，我饿了会自己弄东西吃的。”女佣想：教授肯定不会吃东西，身子垮了该怎么办呢？女佣想出一个办法，就是把一篮鸡蛋放在桌上，教授饿了随时都可以煮着吃。牛顿从早晨开始做实验，一直做到下午。这时，牛顿的肚子饿了，他决定煮两个鸡蛋吃。然而即使在做这些事的时候，牛顿也没有把书放下。过了好久，女佣回到家，问道：“教授，你吃过饭了吗？”牛顿这才想起来，却发现自己的怀表在水壶里。原来，牛顿把怀表当成鸡蛋了。

牛顿是17世纪最伟大的科学巨匠，他发现了万有引力定律，作出了划时代的贡献。他不仅是一名出色的物理学家，还是一名数学家、天文学家。以前在课堂上，老师给我们介绍牛顿的时候，常常介绍他的种种事迹及诸多的称号，让我们觉得牛顿简直是一个神人，遥不可及，高不可攀。看到上述牛顿煮怀表的故事后，大家都不约而同地笑了，感觉原来牛顿这个科学巨匠也是一个普普通通的人，也会犯迷糊，很有人情味，十分可爱，对牛顿也由之前的崇拜变成由衷的喜爱。

通常，人们喜欢各方面都很优秀的人，但是如果这些优秀的人表现得过于完美，没有一点瑕疵，又会给人一种不真实的感觉，令人不愿意真正接纳与喜欢，而刻意保持一定距离或敬而远之。另外，基于人类自我保护机制的原理，通常情况下，人们大多不喜欢充当他人的“配角”，如果对方的各方面优于自己，自己跟他站在一起，只能衬托出对方的优秀，显示自己的卑微，那么时间久了，心里就会有压力。

“水至清则无鱼，人至察则无徒。”完美的人并不招人喜欢。因此，在人际交往中，我们若想让别人喜欢自己，就不要过于追求完美无缺。我们在提高自身能力、努力成为一个强者的同时，偶尔犯下一些可以被人谅解的小迷糊，可以让身边人产生亲近之感，为你赢来好人缘。如果你已经是一个强者，那么，适当地“示弱”，适度地暴露些“瑕疵”，反而会赢得更多的掌声。

打消对方顾虑，赢得信任

当你与他人交流的时候，或者你努力说服他人接受某个观点或者采取某种行动的时候，他人会因为怀疑而产生顾虑。当别人产生顾虑，而

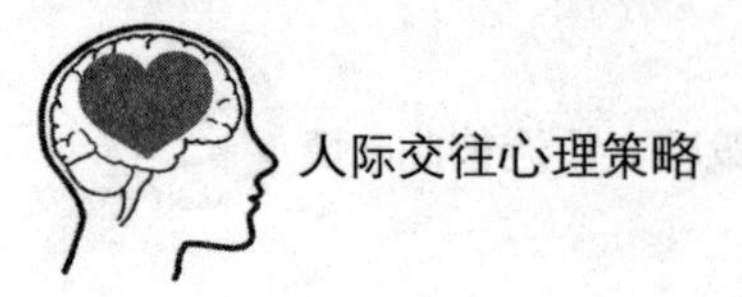

你却依然希望对方能够接受自己的提议时，只有站在对方的立场上，充分考虑对方的利益及心情，从对方所顾虑的事情上着手，给其一个合理的、积极的解决问题的办法，让对方消除顾虑，对方才会进一步地考虑你的想法及建议。

如果在交谈中对方表现出疑虑，你却避疑虑而言他，只会加重对方的疑虑，甚至会让对方对你的初衷产生怀疑，进而对你产生不信任的感觉，那么你就甭指望能够得到他的支持了，你们之间的关系不是拉近，而是一步一步地疏远。

交谈是一门艺术，要想在交谈中结识他人，拉近与他人的关系，最好的办法就是多站在对方的立场上，多为对方考虑考虑，顺从他的心意，这样才能打消他的顾虑、拉近彼此的关系才能做到事半功倍。

有一家装修公司在成立之初，因为没有品牌、实力也不够雄厚，虽然技术过硬、诚实守信，但还是在竞标过程中屡屡败北。公司领导决定主动出击，为自己的公司创造机会。于是他带着满腔的热情和以前做过的工程的方案及图纸一家公司挨着一个公司跑，希望能给自己的公司拉来业务。一开始，他刚报出自己公司的名字，对方就说没听过，不敢合作或没兴趣合作。他看到别人冷淡的态度，就没再继续纠缠了，因而很长一段时间没有揽到活。公司长期只出不进不是办法，他只有继续硬着头皮去拉业务。这一次他决定脸皮要厚一点，不能别人说不行就不行，他决定无论怎样也要为公司拉来一笔业务。为此他还学习了谈判的技巧，其中之一就是当对方提出顾虑的时候一定要顺着对方的意思，消除对方的顾虑。这天，他在拉业务的时候，对方说：“你们公司那么小，人手那么少，能在规定的时间里完成任务么？”他连忙说：“虽然我们公司人不多，但是都非常能吃苦，加班加点也会给您完成任务，而且绝

对保证质量。”对方说：“我怎么知道你们会不会按质按量完成任务啊？”他说：“如果到时间没有完成任务，或者你们发现我们有质量问题，我保证一分钱不收你们的。”对方说：“那我怎么知道你说话算不算话啊？”他继续说：“咱们可以立个合同，白纸黑字写清楚。”对方终于满意地说：“好吧，我同意将这个工程交给你们，现在就签合同吧！”

当别人提出顾虑的时候，最好的办法就是照顾对方的感受，顺应对方的意愿，将对方所顾虑的事情一一阐释清楚，打消对方的顾虑。如此，才能赢得对方的信任，取得对方的认同。计划赶不上变化，对于一个还未进行或者正在进行当中但还未有最终结果的事情，人们通常都会有所疑虑，这是在所难免的。我们要做到的就是，尽可能地得到他人的认可，让事情朝着既定的方向进行下去。而要得到他人的认可，首先要取得他人的信任；要取得他人的信任，就要顺从他人的意思，最好是提出具体的可行的办法，以消除他们的疑虑。

一个男人对一个女人一见钟情，他希望抓住这个缘分，于是前去向女人表白。女人说：“我都不认识你，怎么能够接受你？”他就将自己的身份证、名片、随身携带的全家福，总之只要是能够证明自己身份的东西全部拿出来给女人看。女人又说：“我怎么知道你是不是骗子啊？”他连忙说：“没关系，你可以慢慢了解我。”女人又说：“我怎么知道你是不是只想玩玩？”他连忙说：“我保证不会强迫你做任何不愿意的事情，而且我绝对是好男人。”女人说：“可是我对你没感觉啊。”男人说：“我不勉强你，你若愿意我们可以慢慢处，你若不愿意，我也不会再来打扰你。”女人听后扑哧一笑，同意跟他交往看看。

人们对于陌生的、不熟悉的事物总是会心存疑虑，因为不熟悉的事物存在很多的不确定因素，这些不确定因素会让人们无所适从，继而感到不安全，因而人们就会瞻前顾后、忧心忡忡。其实，消除人们疑虑的最好办法就是尽量破除那些不确定的因素，或者提出一个具体而可行的办法，规避这些不确定因素，这样，对方的疑虑便会自动消解。

给对方一些好处，让人觉得你贴心

生活中，我们看到很多人为了增进彼此之间的关系而选择相互赠送礼品，或者等到对方遇到困难的时候适时地给予一定的帮助。这些小小的恩惠，在陌生人之间建立起友情，或是在朋友之间加深感情。小恩小惠，价值不大，却向对方表达了一份心意、一份牵挂，会让对方由衷欣慰、感激，进而喜欢你。

让他人尝点小甜头，就是给他人点好处，可以是物质上的，也可以是精神上的。物质上，如几件小礼品，精神上，如几句赞美或者安慰他人的话等，都会让人们的心情非常舒畅，进而对你产生好感。

一个女孩非常擅长与人打交道，她的人缘非常好，而且她非常会结交新朋友，无论她到什么地方，都能很快与那个地方的人们打成一片。比如，她们的宿管阿姨是一个看起来相当严肃、不苟言笑的人，别人见了她都会退避三舍，能不招惹就不招惹，而这个女孩却跟其他人不一样，她跟宿管阿姨的关系非常好。她每次见到宿管阿姨的时候，都会甜甜地朝她一笑，有时候从超市回来，买了水果什么的，从宿管阿姨门前经过的时候，都会给宿管阿姨留几个。当她有事晚回宿舍的时候，宿管阿姨会立马就给她开门，并略带嗔怪地说：“下次早点回来啊，要不不给你开门了。”她跟食堂的人关系也很好，每次吃饭总是热情地与食堂工作人员攀谈，而且以一个朋友的身份尊重对方，从来不会忘记赞美，有时是赞美他们饭菜做得好吃，有时候是赞美他们家乡美，有时候是赞美他们本人可爱等。几句贴心的话，让食堂工作人员的心里甜甜的，此后，只要是她去吃饭，饭菜总是最丰盛的。她似乎有一种天生的亲和力，总能够让他人喜欢自己。有一次，当别人问她为什么这么受人欢迎的时候，她说：“首先，你要让他人感觉到你的真诚；其次，要给他人一些好处，让人觉得你贴心。”

给对方一些小小的好处，让对方尝到跟你交往的甜头，他便会喜欢你，喜欢跟你继续交往下去，并且会以他的方式来回报你。

俗话说：“吃人嘴软，拿人手软。”说的是当人们收下他人的好处之后，就会对送礼的人怀有一种特殊的情愫，让他们不能以对待其他人的方式来对待他。如果“吃的”“拿的”恰到好处，则会让双方彼此的感情更进一层。

一次，瑞秋去一家服装公司应聘设计师助理的工作。她本以为终于可以摆脱给人冲咖啡的苦闷，转而从事自己所喜爱的时尚的工作了，可是到了服装公司以后，她的上司依然让她干着打杂的工作，其中还包括每天给他冲咖啡，因此，瑞秋非常郁闷。这天，她到她朋友工作的餐厅就餐，顺便诉诉苦。当她说起自身的遭遇，并且万分沮丧时，坐在旁边位置上的男士禁不住扑哧笑了起来，瑞秋以为他是在幸灾乐祸，就很生气地白了他一眼。可是那个男士不仅不生气，还跟瑞秋说他也在一家服装公司工作，他们公司正在招收新人，并且绝对不让新人冲咖啡，可以帮瑞秋介绍过去。瑞秋因此兴奋异常，她非常感激那位男士，拿着手中的黄瓜片说：“你要吃我的黄瓜片吗？”

瑞秋一开始对男士心怀不满，当他告诉瑞秋可以帮忙为其介绍工作时，瑞秋的态度立马转变过来，并对他心怀感激。能不能得到工作只能靠瑞秋自己去争取，男士只是为其牵牵线而已，但这已经让瑞秋尝到了甜头，并且令她立马对男士产生了好感。可见，跟陌生人交往，先让对方尝点小甜头，是迅速拉近彼此关系的良好手段。

让他人尝点小甜头，并不是说要教人学会势利，或者教人去行贿。那种为了自己的目的不惜违背法律、向他人行贿的做法是不可取的。在人际交往中，适当地给予他人一点“甜头”，以拉近彼此关系、增进彼此间友谊，不仅是无可厚非的，而且是一种值得提倡的交际礼仪。

偶尔的缺点让人更亲切

每个人都有防备心理，特别是面对自己不熟悉的领域、事物或人时，防备心理就会凸显出来。虽然防备心理的程度高低是因人而异的，但是每个人都或多或少存在这样的心理。防备心理是人类基于自我保护的一种本能的心理反应。

当你与他人交往时，如果你处处表现得天衣无缝、完美无缺，会给他人留下一个不实诚的感觉。没有人愿意跟一个对自己不实诚的人敞开心扉，一个处处完美无缺的人，会给他人带来无形的压力，原因有二：其一，你表现得太完美、太锋芒毕露，会让他人有种相形见绌之感，觉得在你面前自己很卑微，抬不起头来，总是低你一等。这种感觉很不好，没有谁愿意永远活在他人的阴影里，时间长了，他们就会慢慢疏远你。其二，你表现得太过完美，会让别人觉得你对自己要求非常严苛，进而他们就会想到你对跟你交往的人的要求会不会也很严苛，他们害怕自己达不到你的要求，或者根本不愿意那样严格要求自己，此时他们同样会感觉很有压力，以至不愿意与你进一步交往下去。总之，一个处处表现得过于完美的人，会让与之交往的人心中产生无形的压力，感到不安，长此以往，人们就会为了逃避这种压力而在心中筑起一道自我保护的城墙，禁止任何会让他们感到不安的外来因素的侵袭。这道自我保护的城墙，就是人类的防备心理。

其实，消除人们这种防备心理的最好的办法就是时不时地暴露一点自己的小缺点，当然要是无伤大雅的小缺点。每个人都是不完美的，一个虽然优秀但并非毫无缺点的人，才能让他人感觉更加真实，更加喜爱。表面完美无缺的人，总是让他人感觉他们遥不可攀，进而不愿意与之接近。一个完美的人，如果他也有一些小缺点，会让人顿觉亲切无比，富有人情味。

一个处处显示优越、对他人要求苛刻的人，是不会受到人们欢迎及青睐的。没有人希望给他人留下不好的印象，因而人们宁愿跟一些有着小缺点却宽容对人的人交往，也不愿意跟一个完美无缺并对他人要求严苛的人交往。

有一位大龄未婚女性，学历高，容貌姣好，事业有成，在很多人眼中算得上是很完美的人了。当然她对自己的另一半的要求也很高，既要求外形帅气、阔绰多金，又要求家世优越、有品位，对方稍微有点缺点癖好，就觉得不能接受。抱着这种宁缺毋滥的观点，眼见身边远远不如自己的女友都走进了婚姻的殿堂，而且过得很幸福，自己转眼快到四十了还是孑然一身，她感到很困惑，自己这样完美的女子，怎么就遇不上优秀的男人呢？其实，正是她的这种“完美”吓跑了一大批追求者。很

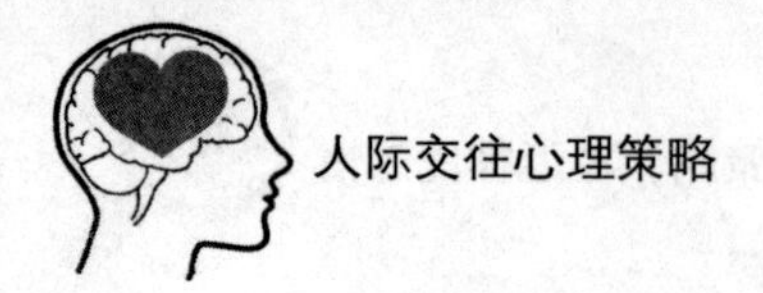

多没有她优秀的男士，害怕她的光彩让自己黯然失色，只好望而却步，打消了念头。

一个“完美”的女人会让男人心生压力，望而却步；而一些并不完美的女人却能让男人停留驻足。“完美”的女人，吓跑了男人；而不完美的女人，留下了男人，可见“不完美”有时候比“完美”更能让他人敞开心扉接受。

第12章

形象心理，给对方留下好印象

现代人每天都忙于职场和生活，要面对职场中的压力、面对生活中的烦恼、面对自己的不得志、面对别人的不理解，总是苦恼不已，想不出应对的策略。其实，只要学会展现自己正面形象的心理策略，这些难题便都可以迎刃而解了。在日常的工作和生活中给别人留下好印象，让别人对你赞不绝口，这样便可以得到领导的赏识、朋友的欣赏，同时也能缓解职场的压力、减少生活中的烦恼。学会这么一套展现自己正面形象的心理策略，你会终生受益。

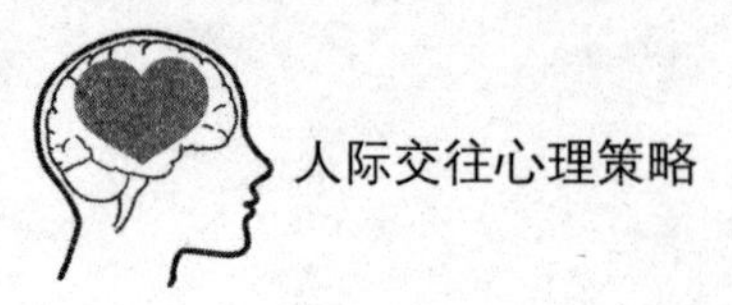

以诚待人，守护一份信誉

鲁迅曾经说过：“守信的人是最快乐的，诚实是最天真的。”信誉是做人之根本，人无信不立，有信誉的人更容易得到别人的信任，也可以获得更多的机会。但是现实中，很多人只在乎眼前利益的得失，为了达到自己的目标便不惜牺牲自己的信誉，破坏自己形象，以至成为人人讨厌、远离的对象。想要给人良好的正面形象，拥有好人缘，得到别人的赞许，就必须用心维护自己的信誉。

元末明初著名政治家、文学家刘基的《郁离子》中记载了一个因失信而丧生的故事。古时候，济阳有个商人在过河时船沉了，他好不容易才抓住了一根木棒暂时脱离了危险。这时，他看见远处有个渔夫驾着小船向这边驶来，便大声地呼救，渔夫闻声赶来。商人着急地说：“我是济阳最大的富翁，你要是救了我，我会给你100两黄金，以作答谢。”渔夫便把他拉上了船，送到了对岸。

上岸之后，商人觉得自己安全了，便翻脸不认账，只给了渔夫10两黄金。渔夫很生气地说他不守信誉，出尔反尔。商人却说：“你一个穷打鱼的，一辈子才能挣几个钱，10两黄金对于你来说就已经很多了。”渔夫没有办法，拿了10两黄金离开了。

几个月之后，商人的船又遇险了，一个渔夫看见了，要去救他，这

时，上次被骗过的渔夫对这个渔夫说：“他就是那个不讲信誉的人。”于是没有渔夫肯去救他，商人被淹死了。

济阳的这个商人，两次翻船都遇到了同一个渔夫，这是偶然的，而商人不讲信誉的后果却是意料之中的。他不兑现承诺，让渔夫对他失去了信任，所以当他再一次陷入困境的时候，没有人愿意出手相救，最后商人被河水无情地吞没。所以，失信于人者，一旦遭难，只能坐以待毙。

北宋词人晏殊以他的诚实信誉被人们熟知。

晏殊天资过人，十四岁时便被大家称为神童，于是有人把他举荐给了皇帝。皇帝这时正好亲自主持进士考试，就特别恩准他一同参加考试。晏殊发现考题是他曾经练习过的，于是如实向真宗报告，请求更换其他题目。小小年纪便懂得诚实守真，宋真宗非常赞赏他的这种品质，便赐他“同进士出身”。

当时正是北宋最繁荣、国力强盛的时期，京城的大小官员经常到郊外游玩或在酒楼茶馆举行各种宴会。晏殊家贫，无钱出去吃喝玩乐，只好在家中读书写文章。一天，真宗破格提升晏殊为辅佐太子读书的东宫官。大臣们惊讶异常，不明白真宗为何作出这样的决定。真宗说：“近来群臣经常游玩饮宴，只有晏殊闭门读书，如此自重谨慎，正是东宫官的合适人选。”晏殊谢恩后说：“我其实也是个喜欢游玩饮宴的人，只是家贫。若我有钱，也早就参与饮宴了。”

宋真宗见他如此坦诚，便更加信任他了。

晏殊在皇帝和群臣的心目中树立了良好的正面形象，也让自己在官场平步青云。心理学家分析这个案例说：一个人诚实有信，自然得道多助，获得大家的尊重和信任。为了贪图一时的安逸和小利益，说到却办不到，失信于人，表面上你好像得到了实惠，但是这点小便宜已毁了你

的信誉，信誉不存在了，你的利益就会逐渐消失。所以，失信于人无异于丢了西瓜捡了芝麻，得不偿失。

周总理曾经说过："自以为聪明的人，往往是没有好下场的。世界上最聪明的人是老实的人，因为只有老实人才能经得起事实和历史的考验。"现在我们都忙于工作，如果把信誉投入到工作中，便是一种敬业的表现。敬业是一种人生态度，这种积极的观念很大程度上可以提高你做事的效率，让你在同事和领导面前树立好的印象，你的踏实努力、你的恪尽职守，会让你的正面形象越来越好。

信誉是一个人最重要的品质，一个没有信誉的人，将成为人人排斥的对象。没有信誉的人禁不住时间的考验，也不会得到知心的朋友。大家都希望和说到做到的人交往，讲信誉，别人才更乐意与你交往，才有可能在关键时刻帮助你。

适时作出决定，切勿自作主张

有主见的人，对于每件事情都有自己的主张。但是有自己的主张也不是一味考虑自己的想法，不分场合、不分时机地只按自己的想法处理事情。有时候，事情不在自己的管辖之内，或面对的时机不合适，便应收敛起自己的主张，让别人来作决策。有自己的主张是你独立的表现，但一定要懂得把握作决定的时机。

小陈在公司做了3年的文秘工作，他的工作能力很强，但有一点总是让经理不满意——经理出差不在公司的时候，如果公司有了棘手的事情，小陈从不向经理请示，总是自作主张。

一次，经理去厦门出差，正好经理之前预定的产品到货了。在检查产品的过程中，工作人员发现这批新产品的螺丝钉很容易松动，质量不是很好，便去找小陈问他这批产品是不是要留下。小陈说："这批产品好多客户都等着要呢，要是再返厂的话，会耽误很多的时间。一个螺丝钉也不是什么大的质量问题，你们把螺丝钉都拧紧点就好了。"工作人员就按小陈说的做了。

谁知不到一个星期，客户便都要求退货，原因是螺丝钉总是松动，多次的拧紧造成螺丝钉变形不能用了，而市场上又没有这种型号的螺丝钉可以替代，产品买回家不能用，客户们只能要求退货了。经理知道这件事后很生气，但也没有什么办法，只好给所有客户办理了退货手续。这次事件给公司造成了很大的损失，经理把小陈臭骂了一顿，还把他开除了。

故事中，小陈不知道什么事情是应该自己做主的，什么事情是应该请示经理后再决定的。由于他在公司产品上的自作主张，给公司带来了重大的损失，所以他失去了这份工作。其实并不是经理让他失去了这份工作，恰恰是他的自作主张让他失业了。所以，我们不论是在什么职位，都要把握决策的时机，明白是否该由自己作出决策。

莱克乘坐一艘旧帆船去旅行。一天，他走到甲板上，看到一个人正沿着绳子往上面的乌鸦巢爬去。当这个人爬到一半的时候，船突然倾向一边，他被甩出了船。这个人刚好不会游泳，落水之后，他一边呼救，一边疯狂地用胳膊拍打着水面。甲板上的船员听到呼救声正要跳下去救他，这时，莱克急忙拉住要跳下去救人的船员，说道："你先不要跳下去。"船员一听莱克这么说，立刻生气地对他说："他都要被淹死了，你还说这样的话，你安的是什么心？"莱克严肃地说："我也做了多年的水手，我发现，当落水的人在水中拼命挣扎的时候，如果你这时跳下去救他，那他很可能会把你也拖入水中，两人一起溺水死亡的可能性很大。不如让他多挣扎一会儿，等他把自己的力气都消耗完，那时候你再跳下去就是救他的最好时机，所以，你要是想救他的话，一定要听我的话。”

落水的人挣扎了一会儿，筋疲力尽了，开始往下沉。这时候，一直站在船舷边上想去救他的船员立即跳入水中，救起了落水的船员。当他们两人都平安地回到船上之后，所有的船员都很感谢莱克，是他真正救了这位落水的船员。

莱克凭借自己的经验，在有人落水后需要别人去救的关键时刻，制止了要去救人的船员。虽然一开始要去救人的船员不理解莱克的意思，可是他听从了莱克的话，最终安全地把落水的人救起。莱克把握了最佳时机，让落水者被救起的可能性大大增加。其实，他这时的决策是至关重要的，如果莱克没有坚决制止救人者立即跳下去，那结果可能会很糟糕。

自作主张并不是一个贬义词，并不是在任何事情上都不能自作主张，也不是在任何事情上都要自作主张，关键是要把握作决策的时机。这样，不但会事半功倍，而且能恰当展现自己的正面形象，并得到别人的赞赏。

恰当展示迷人个性

现在的人们追求潮流、追求个性，但是有很多人其实并不理解什么才是真正的个性。所谓个性，就是个别性、个人性，就是一个人在思想、性格、品质、意志、情感、态度等方面不同于其他人的特质，这个特质表现于外就是他的言语方式、行为方式和情感方式等。任何人都有自己的个性。

个性并不是一味地跟风，跟着大众的潮流来美化自己、展示自己，

这并不能证明你是有个性的人。个性就是自身不同于别人的特点，其实每个人都有自己不同于他人的地方。如果你能够把这方面的特点挖掘出来并恰当地展示出来，那说明你就是一个有个性、有魅力的人。

第一，心理学家曾经提出过这样的观点，即通过服装颜色能够展示自己的个性。

对于女性而言，在不同的场合要搭配适当颜色的衣服，以给对方留下深刻的印象。譬如，年轻女性参加晚宴的话，一般应该选择耀眼的红色系，体现自己活力四射的个性。如果是春游，应该选择白色系或者是绿色系，尽显自己热爱自然、爱运动的个性。如果是约会，应该选择紫色系，因为柔和的紫色会让你看起来比较妩媚动人。

对于男性而言，大多数男士都应该选择冷色调和中性色调的服饰，这类色调可以显示男人庄重、威武、雄壮、深沉的个性，可以让职场中的男性看起来更加理智、成熟，让恋爱中的男人看起来充满安全感。

曹云今年30岁了还没有结婚，同学邀请她参加大学的同学会。曹云想展示出自己时尚年轻的一面，于是去商场买了一条时下20岁潮女们正流行的低腰牛仔裤、一件粉红色的短款露脐装和一双5厘米高的白色高跟鞋。到了同学聚会的地方，大多数女同学都已成家有了孩子，她们都穿着素净的连衣裙或是西服套装，曹云的服装搭配和颜色成了大家议论的焦点。有个女同学更是直接对她说："曹云，你怎么穿成这样子啊？虽然你还没有结婚，但也不能像20岁小女生似的装嫩。这套衣服的款式和颜色完全不适合你。"曹云并没有受到大家的欢迎，待了不久便独自离开了。

曹云的穿着对于少女来说很时尚，但穿在她这个年龄段女性的身上确实不合适。她想在同学会上展现自己年轻靓丽的个性，却穿错了衣服，搭配错了颜色，不仅没有让自己显示出个性，反而在同学的心中留

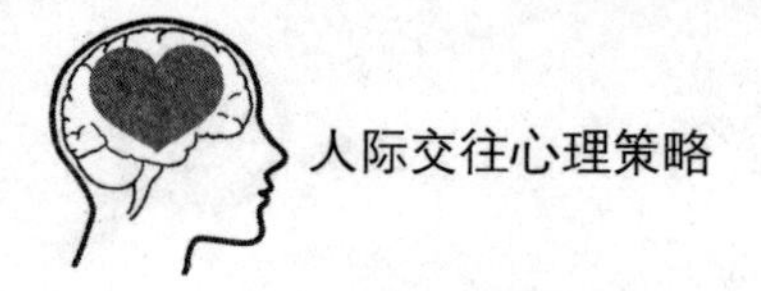

下了坏印象。所以，不论是女性还是男性，想恰当展示自己的个性，必须要穿对服装、选对颜色。色彩在服装外观上有着难以言喻的魅力，能够体现一个人的个性和风度，是其整体形象中最具情感特征的部分。

第二，心理学家通过一个案例分析了在为人处世方面恰当展示自己个性的重要性。

徐俐和陈旭是销售部门的同事，两人经常一起去见客户。徐俐平时性格很好，但是每当遇到利益问题的时候，她便会变得小肚鸡肠，计较个没完没了。陈旭则比较顾全大局，比徐俐大度一些。

有一次，经理让徐俐单独去见一个老客户，因为公司对老客户会给予价格优惠，所以徐俐的提成会比之前的客户少。徐俐认为，不论是新客户还是老客户都需要付出同样的努力，所以她的提成也应该是同等的待遇，但经理从公司的利益考虑，没有同意徐俐的要求。徐俐断然拒绝了经理安排的这个任务，导致经理很生气。之后经理和陈旭谈了这个事情，陈旭对经理说："经理，那就让我去吧。这个客户我也比较了解，提成就按公司规定的给吧。"最后经理让陈旭去了。

这次事情之后，经理对徐俐的态度一直不好。最近，公司要提拔新的部门经理，本来徐俐比陈旭工作的时间长，比陈旭更有经验，但是这次部门经理的候选名单里并没有她的名字，最后陈旭当上了部门经理。

对这个案例，心理学家分析说，徐俐之所以在事业上得不到经理的赏识和提拔，完全是因为她不会恰当地展示自己的个性，把一些利益看得太重，不懂得顾全大局。断然回绝经理给的任务，说明她没有把经理放在眼里，所以经理也不会重用徐俐。而陈旭则在关键时刻顾全大局，和经理站在同一个角度去想问题，虽然这次的提成很少，但他在经理的心里留下了好印象，所以后来经理才把晋升的机会给了陈旭。陈旭恰当地展示自己的个性，舍弃了小利益却换来了大收获。

作为社会这个大集体中独一无二的个人，每个人都会有自己的性格、爱好，每个人都有自己的个性。有的人总认为自己没有个性，其实个性并不是什么神奇的东西，它存在于我们每个人的身上，只是有的人不会发现和展示自己的个性。发现自己的个性，恰当展示自己的个性，你才能抓住成功的机会。

把握机遇，推荐自己

当今社会，我们面临着残酷的职场竞争和压力。面对竞争，我们必须有一套能够展现个人魅力的策略，而关键时刻当仁不让，就是这一策略的重要内容。

当仁不让的人，给人一种积极向上的感觉，既展现出自己的能力，又在别人的心目中留下了美好的印象。在这个五彩缤纷、充满诱惑的世界上，我们渴求的东西太多太多，有时候需要认真权衡自己的利益得失，有时候需要积极争取某件事情、当仁不让。

心理学家分析说：善于当仁不让的人，更容易展现自己的能力，树立良好的正面形象。

美菱所在的公司正在召开一个紧急会议。会议的内容是：公司需要派一名员工下基层到工厂里去抓生产。然而，大多数员工都不想去工厂工作，他们感觉在工厂里又累又枯燥，没有什么发展前途。在这样的情况下，大家都保持着沉默。经理看到大家沉默的表情，顿时很生气，郑重地对大家说："在办公室里待久了对你们没有一点好处，下基层锻

炼一下是很有必要的。”这时美菱想，到工厂工作，确实比在办公室里更能锻炼自己的能力，是一次学习的好机会。于是她站起来对经理说：“经理，您看我可以吗？我想到工厂去工作。”美菱的工作表现一直都很好，经理一看是美菱愿意，心里很高兴，答应了她的请求。而其他的同事都用不理解的眼神看着她。

在工厂工作的日子里，美菱工作很认真，表现很好，同时也学到了很多知识。熟悉工厂流程之后，她提出了一份能够加快生产进度的方案，并得到了公司领导的一致认可。几天后，在这个方案正式要实施的时候，领导把她调回了总公司，而且提拔她当经理，让她负责方案的实施。

心理学家在分析这个案例时，把美菱的成功归结于她当仁不让的行为。良好的工作表现让她在领导面前树立了正面的形象，帮助自己在工作岗位上迅速站稳脚。其他的同事对于经理的决定，一部分同事采取直接拒绝的态度回应，或许还有一部分同事在刻意等待，等待经理接下来的决定；而美菱积极站出来，抓住了其他同事没有抓住的好机会。她在工厂中学到了在办公室里得不到的知识，充分发挥了自己的能力，最终得到领导的认可。美菱的当仁不让为她的成功奠定了基础。

关键时刻当仁不让是勇敢的表现。英国小说家萨克雷说过：“只要你勇敢，世界就会让步。如果你想战胜它，就要不断地勇敢再勇敢，世界总会向你屈服。”其实这里的勇敢就是说面对机会时要当仁不让，树立自己的正面形象。

凌鑫所在的公司资金周转不开，以致产品没有及时从厂家发来，北京的经销商因为不能及时到货损失了很多客户，一致要求公司退款。现在是公司的艰难时期，没有资金可以退还，于是经理开会商议派代表去北京和经销商谈判，让他们多等几天，并告诉他们其中的损失公司也会赔偿。可

是派谁去北京和经销商谈判呢？这个人选至关重要，如果把握不好，和经销商谈不拢，北京的市场就此失去，公司的损失会更大。正在经理头痛的时候，凌鑫站起来对经理说：“经理，您让我去吧。我是土生土长的北京人，我了解北京人的脾气，我一定会把经销商说服的，您就等我的好消息吧！”

回到北京之后，凌鑫给经销商打了电话，约他们一起吃饭。凌鑫还给每一个人都准备了一份礼物。大家收到礼物，知道凌鑫也是北京人，口气便没有之前那么强硬了。紧接着凌鑫对大家说：“这次公司特别派我过来向大家道歉，公司前几天的资金出了一些小问题，但现在已经解决了。北京市场是公司最为重视的，大家的损失，公司会给予相应的赔偿。其实，哪家公司都会出现一点小的状况，为了我们今后更加持久的合作，希望大家能够谅解公司的这次失误。”经销商被凌鑫的话说服了，没有再提退款的事。

这件事情圆满解决之后，经理很高兴，为她加了薪资升了职位。

关键时刻是每一个人表现自己能力的大好时机，凌鑫依据自己是北京人、了解北京人的优势，当仁不让地接受了这次任务。通过自己的努力，凌鑫圆满完成了任务，既表现出自己的工作能力，同时也让自己拥有了令人羡慕的职位。

年轻人要懂得运用点策略，知道如何表现才能让领导更加赏识，让自己在领导的心中占据更重的分量，从而抓住每一次成功的机会。有些人对于突如其来的机会不知道如何把握，在机会面前反复权衡、犹豫不决，这样做只能让自己处处落于人后，错过每一个表现自己的好机会。关键时刻当仁不让是现代职场人需要拥有的素质，同时也是给自己披上一层光鲜外衣的策略。它可以让你积极主动地去赢得表现自己的机会，实现自己的人生价值。

把人格魅力当作资本

现实生活中的每一个人都希望自己具有迷人的人格魅力。有的人能够发现并且展示自己的人格魅力，有的人则找不到自己的人格魅力。想做一个富有吸引力的人，首要的任务就是把自己当作高贵的人，而清爽美丽的外表、热情的生活态度，则是培养自己魅力品牌的入门功课。

我们留给外界的印象是美丽的还是平庸的、是高雅的还是低俗的、是有趣的还是沉闷的，别人对你好与不好的评价，这都是你人格魅力的体现。

小咪在一家广告公司做策划，虽然工作非常自由，她却从不散漫懈怠，即使对待比自己年轻的新人也从来都是以礼相待。她积极的生活态度证明她是一个有修养、有格调的新女性，因此，大家对她的态度也不敢过于随便、敷衍。

更为神奇的是，虽然她算不上美女，但人们愈看愈觉得她漂亮。虽然她从来没有说过自己是一个美丽且能力出众的人，但是她深深地相信自己就是这样的人，以至周围的人也都很欣赏她。

虽然她三十岁仍然未婚，但她并不在意公司同事的非议，最终嫁给了一个条件相当好的男人。现在，她的事业和家庭都发展得不错，生活得十分幸福。

直到不久前，大家才知道小咪并不是出生于富裕家庭。相反，她在穷困的单亲家庭长大，从小与母亲及兄弟姊妹相依为命。她晚婚原来是为了照顾母亲和弟妹们的生活。小咪虽然出身贫穷，但她选择了做后天贵族，也真正过上了幸福的生活。

心理学家分析这个案例时说，不论是男性还是女性，若想要在这个世界上树立起好的形象，争取到好的身份地位，首先必须增强你的个人魅力，赢得周围人的认可。小咪以对人以礼相待、积极的生活态度、对工作的认真展现出自己的人格魅力，而她的人格魅力也得到了周围人的肯定。其实每个人的魅力首先来自于你对待自己的态度，表现在你将自己的人生界定在什么样的层次上、把自己的生活界定在什么样的范围内。

一个人想要增强自己的人格魅力，除了让自己的外表整洁美丽、浑身都洋溢着一种热情之外，还要注意不要与潮流脱节。别人会的东西，你也要涉猎一点。你总是庸碌繁忙地过日子，会给人一种很没有情趣的感觉。去KTV聚会，你也不妨在新歌不断的同事面前展示一下歌喉。其实，培养一个可以打发空闲时间的兴趣，也是增强自己个人魅力的体现。

一个人彬彬有礼，穿着整洁，举止文雅，是他家庭修养和个人修养的表现。当我们进入社会后，要懂得增强自己的人格魅力，把人格魅力作为自己的资本，去吸引别人，去征服别人的心，这样你才更容易获得成功。

扬长避短，展现自己的闪光点

现今社会是一个积极表现自我的竞争年代。有许多人往往不懂得在众人面前显露自己的长处，以至令对方也不知道他们在某方面工作中的巨大潜能。所以，这样的人在择业的过程中，往往走了不少劳而无功的弯路。而让别人注意到自己的长处，恰如给自己找到了伯乐；得到别人的赏识，在别人的心目中留下深刻的印象，无疑会令自己朝着心中的目标又靠近一步。

美国夏威夷医科大学精神病学教授达尼鲁·潘斯说：“引人注目不仅是让别人注意你，也意味着让别人记住你。”想在人们心里树立自己的正面形象，让别人记住你，必须有一些策略。而你的长处就是你身上

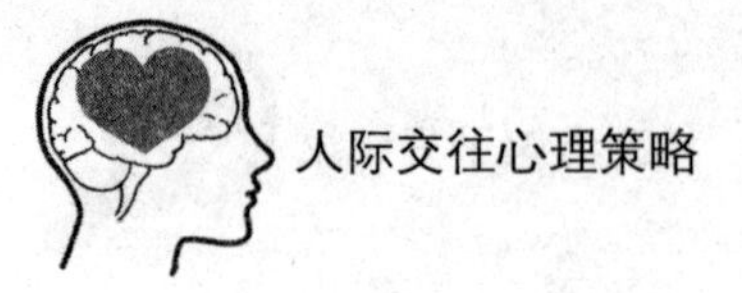

最出色的闪光点，会让他人对你印象深刻。

埃拉是一家纺织厂的女工。圣诞节厂里要举行文艺晚会，组长说所有领导都会来观看，让大家发挥才艺，办一场高质量的晚会。可是大家都摇头说没有什么才艺可表演，埃拉学过舞蹈，于是她和组长说自己会跳舞，组长很高兴，让她回家好好准备。

基于自己的舞蹈功底，埃拉自编了一段舞蹈。圣诞节当晚，她穿上漂亮的花裙子配上优美的音乐，像一只花蝴蝶在舞台上起舞，台下的领导都报以热烈的鼓掌，晚会顿时进入了高潮。她的这一段舞蹈让大家都眼前一亮。晚会结束之后厂长对组长说："我们厂还有这么有才艺的员工呢！把她安排在车间里搞生产太浪费人才了，把她调到我们厂里的文艺团当团长吧，以后负责我们厂里所有的演出事务。"

之后埃拉便离开了车间，去文艺团上班了。

埃拉把握住了自己会跳舞的长处，适时在领导面前展示了自己的才艺，让领导眼前一亮，给领导留下了深刻的印象，让领导记住了她，并提拔她为文艺团的团长。

许多人往往一时很难弄清楚自己的优势所在，这就需要我们在生活、工作中发现自己、认识自己，不断地了解自己能干什么、不能干什么，如此才能取己所长、避己所短，进而取得成功。我们要在不断的自我审查中，善于归纳、总结，把单纯的一项技艺转化为自己特殊的长处，以此吸引别人想对我们有更深层次的了解，让这个长处成为自己魅力的闪光点。

在美国耶鲁大学的入学典礼上，校长每年都要向全体师生特别介绍一位新生。去年，校长隆重介绍的，是一个自称会做韩国泡菜的男学生。

学生们议论纷纷，耶鲁大学不乏多才多艺之人，为何推荐一个仅仅会做韩国泡菜的男学生呢？最后校长自己揭开了谜底。每年耶鲁大学的

新生都要填写自己的特长，而几乎所有的同学都填写诸如运动、音乐、绘画等特长，从来没有人填过自己擅长做泡菜。会做泡菜是这位男学生的长处，因此，这个男学生脱颖而出。

想要别人注意到自己的长处，为自己树立好的形象，确实需要聪明地包装自己。学生除了学习成绩优异之外，其他的爱好都可以说是自己的长处，那些填写擅长运动、音乐、绘画的同学，他们的特长太大众化，在大家的心里不足为奇，因而这样的特长受到的关注度很低。这些笼统而堂皇的概念其实并没有突出自己的长处。而这位男学生巧妙地抓住了人们对特长的认知心理，以会做泡菜作为奇招，如果他填写的是擅长厨艺，便不会吸引校长的注意力了。

每个人都会有自己的长处，想要发现自己的独特长处、吸引别人的注意力，便需要我们认真地思考，我们处理哪方面的事情总是会取得成功，做什么事情既可以节省资源又可以把事情处理得很完美。你能得心应手地处理某一方面的事，必定是你有自己特定的一套策略，这便是你不同于别人的长处。抓住每次可以展示自己的机会，积极地表现自己的长处，便能让别人对你刮目相看。

想要让别人注意你的长处，在别人的心目中树立自己的形象，需要把握好展现特长的机会，修炼新颖的特长，同时把握大家的心理特点，如此才能让自己赢得别人的赏识。

参考文献

[1]曾仕强.人际的奥秘[M].北京：北京联合出版公司，2015.

[2]龙璇.人际关系与沟通技巧[M].北京：人民邮电出版社，2016.